TERRY HOPE ROMERO

SALAT
SAMURAI

TERRY HOPE ROMERO

SALAT SAMURAI

100 ULTIMATIVE, BESONDERS HERZHAFTE, SCHNELL ZUBEREITETE **SALATE** FÜR DIE MAN NICHT VEGAN SEIN MUSS, UM SIE ZU **LIEBEN**

Terry Hope Romero
Salat Samurai
100 ultimative, besonders herzhafte, schnell zubereitete Salate für die man nicht vegan sein muss, um sie zu lieben
1. deutsche Ausgabe 2016
ISBN 978-3-944125-75-6
© 2016 Narayana Verlag GmbH

1. englische Ausgabe 2014
Terry Hope Romero
Salad Samurai
100 Cutting-Edge, Ultra-Hearty, Easy-to-Make Salads You don't have to be Vegan to Love
© 2014 by Terry Hope Romero
Published by Da Capo Press
A Member of the Perseus Books Group

Übersetzung aus dem Englischen: Ilona Meier
Layout: Megan Jones Design
Satz: Nicole Laka, www.nima-typografik.de
Fotos von: Vanessa K. Rees
Autorenfoto Coverrückseite © John Stavropoulos

Herausgeber:
Unimedica im Narayana Verlag GmbH
Blumenplatz 2
79400 Kandern
Tel.: +49 7626 974970-0
E-Mail: info@unimedica.de
www.unimedica.de

Alle Rechte vorbehalten. Ohne schriftliche Genehmigung des Verlags darf kein Teil dieses Buches in irgendeiner Form – mechanisch, elektronisch, fotografisch – reproduziert, vervielfältigt, übersetzt oder gespeichert werden, mit Ausnahme kurzer Passagen für Buchbesprechungen.

Sofern eingetragene Warenzeichen, Handelsnamen und Gebrauchsnamen verwendet werden, gelten die entsprechenden Schutzbestimmungen (auch wenn diese nicht als solche gekennzeichnet sind).

Die Empfehlungen dieses Buches wurden von Autor und Verlag nach bestem Wissen erarbeitet und überprüft. Dennoch kann eine Garantie nicht übernommen werden. Weder der Autor noch der Verlag können für eventuelle Nachteile oder Schäden, die aus den im Buch gegebenen Hinweisen resultieren, eine Haftung übernehmen.

FÜR ALLE HUNGRIGEN
16-JÄHRIGEN VEGANER
AUF DER WELT
EGAL, WIE ALT SIE SIND

INHALT

EINLEITUNG: EIN NEUES SALAT-MANIFEST
(ODER: SCHLUSS MIT FADEN SALATEN) • 1

TEIL I:
THE SPIN: DER CODEX DES SALAT SAMURAI

SALATSAISONS, SALATTAGE • 4
SO ROCKEN! SIE DIESES SALAT-KOCHBUCH • 7
TOFU PRESSEN: EIN BLICK HINTER DIE KULISSEN • 9
DER MOBILE SALAT • 10
ZUTATEN-PLAUSCH • 11

TEIL II:
DIE REZEPTE

DRESSED TO THRILL: CREMIGE DRESSINGS UND FEINE VINAIGRETTEN

Zurück-zur-Ranch-Dressing • 17
Cremiges Ahorn-Senf-Dressing • 18
Zitronen-Tahina-Dressing • 19
Chia-Chipotle-Dressing • 20
Mandelmus-Hanf-Dressing • 21
Schalotten-Senf-Chia-Vinaigrette • 22
Galapagos-Dressing • 23
New Yorker Dressing • 24
Cremiges Koriander-Limetten-Dressing • 25
Möhren-Ingwer-Chia-Dressing • 26
Würzige Salatstreusel • 27
Grünes Curry-Dressing • 28
Magisches Miso-Dressing • 29

EIN INTERMEZZO: DIE LEICHTEN BEILAGENSALATE

Schlichter (aber nicht fader) Beilagensalat • 31
Sidekick-Krautsalat • 31
Entspannter Grünkohlsalat • 31

ECHT DEFTIGE SALAT-TOPPINGS

Tamari-5-Gewürze-Mandeln • 33

Rauchige Sriracha-Pekannüsse • 34

Gerösteter Hanf-Parmesan • 35

Cashew-Kürbiskern-Knusperstreusel • 36

Käse-Knusperbuchweizen • 37

Chia-Knusper-Croutons • 38

Klassische Croutons • 39

„Eingelegte" rote Weintrauben • 40

Massierte rote Zwiebeln • 41

Feuriger Tofu • 42

Zitronengras-Tofu • 43

Ginger-Beer-Tofu • 44

'70er-Tofu • 45

Orangen-Ahorn-Tempeh • 46

Tempeh-Speck-Häppchen • 47

Kokosspeck-Häppchen • 48

Linsen für Salat • 49

Gedünstete oder gebackene Seitan-Schnitzel • 50

Thailändisches Seitan-Larb in Salatschälchen • 65

FRÜHLING

Frühlingskräutersalat mit Orangen-Ahorn-Tempeh • 53

Teuflischer Grünkohl-Caesar-Salat • 55

Erdbeer-Spinat-Salat mit Orangen-Mohnsamen-Dressing • 57

Blaubeer-Tamari-Bowl • 59

Gegrillter Palmkohlsalat mit pikanten Linsen • 61

Spargel-Pad-Thai-Salat • 63

Thailändisches Seitan-Larb in Salatschälchen • 65

Banh-Mi-Salatröllchen mit Linsen-Pâté • 67

Gebratene Knoblauch-Kichererbsen mit Spinat & Getreide • 69

Couscous mit Zuckerschoten & Za'atar-Dressing • 70

Erdbeer-Spinat-Salat mit Orangen-Mohnsamen-Dressing • 57

SOMMER

Kichererbsen-Chicorée-Schiffchen • 73

Die BGT-Bowl
(Bacon, Grünkohl & Tomaten) • 75

Ost-West-Salat mit geröstetem Mais • 77

Papaya-Salat mit Zitronengras-Tofu • 79

Polnischer Soba-Sommersalat • 81

Pesto-Blumenkohl-Kartoffelsalat • 83

Pizzasalat mit Tempeh-Salami • 85

Pflaumen-lieben-Rucola-Salat • 87

Curry-Linsen-Quinoa-Salat • 88

Bhel Puri Chaat mit Avocado & Amarant • 89

Bento à la Salade Niçoise • 91

Edamame-Succotash-Salat mit
Miso-Dressing • 93

Picknicksalat für Wassernixen mit
Seepferdchen-Ranch-Dressing • 95

Feuriger Quinoa-Obstsalat • 97

Erbsen-Kräuter-Ricotta zu
Tomaten & Basilikum • 99

Eisberg-Wedge-Salat mit Seitan-Speck und
Meerrettich-Dressing • 101

Gerösteter mexikanischer Maissalat mit
Avocado (Esquites) • 103

Caesar-Gartensalat mit
Buffalo-Ranch-Dressing • 105

Dill-Krautsalat-Bowl mit BBQ-Tempeh • 107

Polnischer Soba-Sommersalat • 81

Picknicksalat für Wassernixen • 95

Dill-Krautsalat-Bowl mit BBQ-Tempeh • 107

HERBST

Brokkoli-Erdnuss-Reissalat mit Zitronengras • 109

Smokehouse-Kichererbsen-Salat • 111

Erntesalat mit Pilzen, Graupen & Rosenkohl • 113

Rosenkohlsalat mit gegrillten Miso-Äpfeln • 115

Schwarzer Reis mit Kimchi und Nashi • 117

Italienischer Hochzeits-Getreidesalat • 118

Feigen-Tempeh-Salat an cremigem Koriander-Limetten-Dressing • 119

Montagabend-Reissalat mit roten Bohnen • 121

Knackige Mandelfalafel-Bowl • 123

Knackige Kohl-&-Süßkartoffel-Bowl • 125

Kokos-Samosa-Kartoffelsalat • 127

Haselnuss-Shiitake-Butternuss-Salat • 129

Curry-Kürbis-Kohl-Wraps • 131

Betebällchen-&-Pommes-frites-Salat • 141

WINTER

Chimichurri-Kichererbsen & Chicorée • 133

Dojo-Sesamnudeln • 135

Klassischer Caesar-Salat • 137

Ingwer-Bete & Linsen mit Tahina und Agavendicksaft • 139

Betebällchen-&-Pommes-frites-Salat • 141

Ferientabouli mit Quinoa und Granatapfel • 143

Tempeh-Reubenesque-Salat • 145

Tempeh-Taco-Salat-Bowl • 147

Gegrillter Goji-Seitan-Salat • 149

Apfelsalat mit Curry-Tempeh in Radicchio-Schälchen • 151

Couscous-Salat mit eingelegten Zitronen & Oliven • 153

Seitan-Steak-Salat mit Pfefferkorn-Dressing • 155

Vanessa-Kabocha-Salat • 157

Kokos-Samosa-Kartoffelsalat • 127

SÜSS & HERZHAFT

Gewinner-Müsli • 159

Smoothie-Müsli-Bowl • 161

Avocado-Tofu-Frühstücks-Bowl mit
Möhren-Ingwer-Dressing • 162

Kokos-Karottenkuchen-Salat • 163

Apfel-Quinoa-Bowl à la Mode • 165

Overnight Oats mit
mexikanischer Schokocreme • 167

Orangen-Vanille-Obstschälchen • 169

Smoothie-Müsli-Bowl • 161

Apfel-Quinoa-Bowl à la Mode • 165

DANKSAGUNGEN • 170
INDEX • 171
ÜBER DIE AUTORIN • 179
BEZUGSQUELLEN • 179

EINLEITUNG:
EIN NEUES SALAT-MANIFEST
(ODER: SCHLUSS MIT FADEN SALATEN)

„Aber immerhin gibt's Salat."

Wenn Sie kein Fleisch (und andere tierische Produkte) essen, wird aus einem Abendessen in einem netten (wenn auch nicht immer zwangsläufig veganerfreundlichen) Restaurant oftmals ein Rendezvous mit einem Salat. Während die anderen sich die Bäuche mit Steak und als Kartoffeln getarnten Butterbergen vollschlagen, stochern Sie mit der Gabel in einem verdrießlichen Häufchen welker Blätter herum. Unzählige solcher Erfahrungen sorgten dafür, dass ich als junge Vegetarierin (und später erwachsene Veganerin) mit Salat auf Kriegsfuß stand. Ich wäre nicht im Traum auf die Idee gekommen, mir freiwillig Salat zum Abendessen zu bestellen. Salat war das Allerletzte.

Doch ein paar Kochbücher und Jahrzehnte später begann mein Appetit auf Cupcakes und Aufläufe zu schwinden, und mittlerweile lechze ich zunehmend nach Smoothies, Suppen und genau: Salaten. Aber damit meine ich nicht die blassen Berge aus Eisbergsalat mit Fertigdressing oder deren moderne, „trendige" Komplizen: solche faden Häufchen junger „Baby-Leaf"-Blättchen, die nach nichts schmecken und für gewöhnlich in überzuckerter, eintöniger „Balsamico"-Plörre schwimmen.

Die Salate, von denen ich hier rede und die ich mittlerweile täglich esse, sind ordentliche, deftige Mahlzeiten! Sie sind wahre „One Bowl Wonders"; formvollendete Vereinigungen aus knackigem, frischem Gemüse und Obst, randvoll mit pflanzlichem Eiweiß, angemacht mit frisch zubereiteten Dressings und serviert mit knusprigen Toppings, mit denen mehr als nur gut Kirschen essen ist! Und das Allerbeste: Dieser kulinarische Hochgenuss ist auch noch im Handumdrehen fertig. Einmal Dressing zubereiten, Gemüse hacken und über die Woche unvergessliche Mahlzeiten genießen.

Wenn Sie in diesem Buch nach unaufgeregten, schüchternen Beilagensalaten gesucht haben, muss ich Sie leider enttäuschen (aber Sie können ruhig einen Blick auf Seite 30 mit den Beilagen-Basics werfen). Die Salate in diesem Buch sind großzügig portionierte Hauptgerichte für den richtig großen Hunger! Wahrscheinlich müssen Sie sich für diese Megasalate sogar noch ein paar neue große Schüsseln anschaffen; die kleinen Schüsselchen und zierlichen Salatgabeln können Sie gleich wieder wegpacken.

Und warum *Salat Samurai*? Weil Sie in diesem Buch der *Salat Samurai* sind, Meister Ihrer Salat-Dynastie! Keine Sorge, Sie müssen nicht nach irgendeinem Bushido-Gemüse-Codex leben. Das Einzige, das wir (als Veganer, Vegetarier oder auch mal fleischfrei genießende Omnivore) tun müssen, ist, den Salat von seinem jämmerlichen Ruf als Kummerkost zu befreien. Um diese Salate dürfen Sie sich streiten!

Teil I

The Spin: Der Codex des Salat Samurai

SALATSAISONS, SALATTAGE

SALATSAISONS, SALATTAGE: BLATTGEMÜSE FÜR DIE VIER JAHRESZEITEN

In unserem Kulturkreis gibt es Salat typischerweise dann, wenn man sich während der heißen Sommertage eine Pause vom Kochen gönnen will. Doch eine große Schüssel, randvoll mit einer farbenfrohen Mischung aus rohem und gekochtem Gemüse, Getreide und eiweißreichen Zutaten mit den richtigen Toppings ist zu jeder Jahreszeit ein Genuss.

Ich esse gern mit der Saison und liebe saisonales Gemüse! Daher sind diese Rezepte nach Jahreszeiten angeordnet. Pralle aromatische Augusttomaten, knackige Septemberäpfel und den ersten, zart bittersüßen Rucola des Frühlings müssen Sie einfach auskosten. Aber lassen Sie sich von meinen Vorschlägen keine Grenzen setzen; viele dieser deftigen Salate sind das ganze Jahr über fantastisch! Sie werden garantiert schon bald Ihre eigenen Lieblinge in diesem Buch finden; der Vanessa-Kabocha-Salat (Seite 157) mit Rotkohl und einer 5-Gewürze-Erdnusssoße sowie die Dill-Krautsalat-Bowl mit BBQ-Tempeh (Seite 107) kommen bei mir das ganze Jahr über auf den Teller.

Es wird niemanden überraschen, dass der Sommer, was die Salate betrifft, den anderen drei Jahreszeiten zahlenmäßig überlegen ist. Mit der sommerlichen Hitze und Gemütlichkeit fällt das Zubereiten gleich viel leichter, und noch dazu stehen uns sämtliche Aromen dieser üppigen Jahreszeit zur Verfügung. Heiße Temperaturen und schwüle Tage wecken in uns den Appetit auf die herben, säuerlichen Aromen von Beeren, Essig und Zitrusfrüchten, aber auch auf reife, durstlöschend saftige Tomaten und schwere duftende Pfirsiche, die gestern noch am Baum hingen.

Salate bilden jedoch das ganze Jahr über den Mittelpunkt meiner Mahlzeiten. Wenn die Temperaturen sinken, kombiniere ich geröstetes Gemüse, gekochtes Getreide und herzhafte gegrillte Proteinbomben zu einem perfekt ausbalancierten Mix aus Gemüse und Eiweiß, ohne mich zu sehr auf stärkehaltige Sattmacher zu verlassen. Und nicht vergessen – da draußen wartet eine ganze Welt aus geröstetem Rosenkohl, Kürbis, Süßkartoffeln und vielen anderen Wintergemüsen darauf, sich als Zutat in Ihrem Salat zu beweisen.

Das letzte Kapitel „Süß & Herzhaft" ist insbesondere jenen gewidmet, die sich morgens gern auf ein kräftiges Frühstück stürzen. Ich funktioniere nicht ohne Frühstück, aber Muffins und Pfannkuchen sind Schmankerl fürs Wochenende. Unter der Woche starte ich meinen Tag lieber mit Nüssen, Vollkorngetreiden, geringen Mengen Öl und Zucker und einer großzügigen Portion Obst, Hülsenfrüchte oder Gemüse. Diese kleine Zusammenstellung aus Frühstückssalaten (und Smoothie-Bowls) ist ein Ausflug in frische, energiegeladene Kost, durch die ich es mühelos durch den Morgen und bis in den Nachmittag hinein schaffe – und zwar ohne Magenknurren oder Hungerattacken. Probieren Sie es aus und sehen Sie selbst. Lassen Sie sich die Früchte (und das Gemüse und Getreide) meiner Arbeit schmecken!

SALATTAGE: EIN SALAT-WOCHEN-PLAN FÜR DIE TÄGLICHE PORTION BEQUEMLICHKEIT

Von vorne bis hinten durchstrukturierte Mahlzeitenplanung – das A und O von „Haushalts"-Zeitschriften für Frauen – hat mit Sicherheit ihre Vorteile, aber ich fühle mich beim bloßen Gedanken daran meistens schon gestresst. Dabei plane ich zwar eigentlich gerne, schwinge mich aber lieber wie ein Trapezkünstler durch meine völlig überbuchte Woche, als mir jede einzelne Mahlzeit eine Woche im Voraus zu überlegen.

Wenn Sie jedoch gerne versuchen möchten, ein paar gesunde Salatmahlzeiten in Ihre Arbeitswoche einzubauen, finden Sie im Folgenden einen Grundriss, den Sie je nach Bedarf individuell anpassen können. Ich liebe Restaurants und selbst ich habe manchmal einfach die Schnauze voll vom Einkaufen. Dieser Wochenplan nimmt es Ihnen nicht übel, wenn Sie nach der Arbeit keine Lust haben, 4 Stunden in der Küche zu stehen. Wenn Sie einfach ein paar Salate einplanen, haben Sie nicht nur ihre tägliche Dosis Gemüse gegessen, sondern plötzlich auch noch mehr Zeit (und mehr Geld) für das, was wirklich wichtig ist (Videospiele, Hand in Hand spazieren gehen, im Café um die Ecke sitzen und stricken, Comics lesen).

SONNTAG

Oder jeder beliebige andere Tag, an dem Sie planlos im Haus herumvagabundieren. Der Tag in der Woche, an dem Sie gemütlich Tee schlürfen, Podcasts hören – an dem die Wäsche gefaltet anstatt aufgerollt und in die Schublade geschleudert wird. Eben der Tag der Woche, an dem Sie sich auch mal gegen das Tragen einer Hose entscheiden können.

Als Grundregel für im Voraus zubereitete Salatkomponenten gilt: innerhalb von fünf Tagen verbrauchen. Salatgemüse und Spinatblätter sollten innerhalb von zwei Tagen verbraucht werden. Robusteres Blattgemüse wie Grünkohl oder vorgeschnittenes Gemüse stößt bei etwa 4 Tagen an seine Grenzen.

Cremige Dressings sollten Sie innerhalb von 3 Tagen aufbrauchen, aber Vinaigretten können bis zu einer Woche aufbewahrt werden. Bereits gewürzter und gegarter Tofu, Tempeh oder Seitan sollte innerhalb von 2 Tagen gegessen werden (höchstwahrscheinlich werden Sie sich darum aber keine Sorgen machen müssen!). Gedünsteter, ungewürzter Seitan oder Tempeh kann jedoch gut verpackt bis zu zwei Monate im Tiefkühlfach gelagert werden!

Und so sieht der Plan aus:

- Hülsenfrüchte, z. B. Linsen für Salate (Seite 49) zubereiten und lagern.
- Robusteres Blattgemüse, z. B. Grünkohl und anderen Kohl, waschen, schleudern und in Gemüsebeuteln lagern. Diese halten Obst und Gemüse länger frisch als gewöhnliche Plastiktüten. Möhren stifteln, Radieschen in Scheibchen schneiden, anderes festes, saftiges Wurzelgemüse je nach Rezept vorschneiden und mit etwas kaltem Wasser in verschließbaren Glasbehältern lagern.
- Knusprige Nusstoppings und Croutons backen, abkühlen lassen und lagern.
- Tofu auspressen und in fest verschlossenen Behältern lagern. Wenn Sie genug Zeit haben, backen Sie schon mal die Tofutoppings, die Sie für Ihre Salate benötigen.
- Machen Sie einen deftigen Salat zum Abendessen. Bereiten Sie mehr als nötig zu und packen Sie sich eine Portion fürs nächste Mittagessen ein, bevor Sie zuschlagen (wenn Sie das Dressing separat aufbewahren und erst kurz vor dem Essen zum Salat geben, wird er nicht matschig).

Montagmorgen

Raus aus dem Haus, aber vergessen Sie den Salat nicht, den Sie gestern Abend in weiser Voraussicht eingepackt haben!

Montag, Dienstag und Mittwoch

Egal, wie stressig die Woche anfängt: Bleiben Sie cool wie Gurkensalat und zaubern Sie sich ein Abendessen aus den vorbereiteten Zutaten (Bohnen, gewürzter Tofu oder Nüsse, Croutons und Salatgemüse) und frischem Gemüse, gerösteten Kichererbsen, Erbsen oder anderen eiweißreichen Komponenten, die Sie übers Wochenende vorbereitet haben. Wenn Sie Salat unter der Woche zum Abendessen machen, bereiten Sie einfach die doppelte Portion Ihres Lieblingsrezepts zu; bevor Sie essen, packen Sie eine Hälfte zum Mitnehmen ein und lassen Sie sich am nächsten Tag um Ihr Mittagessen beneiden!

Donnerstag- oder Freitagabend

Die Arbeitswoche ist (hoffentlich) fast vorbei. Ein guter Zeitpunkt, den optimalen Start in die nächste Woche zu planen. Nehmen Sie sich zwei oder drei Salate vor (einen für Sonntag und einen oder zwei weitere für den Anfang der Woche). So schaffen Sie ganz schnell neue gesundheitsfördernde Angewohnheiten. Wenn Sie Freitagabend was vorhaben, dann gehen Sie eben Donnerstagabend einkaufen!

Das Wochenende!

Machen Sie sich den Beginn des Wochenendes (oder wann immer Sie nicht aus dem Haus stürzen müssen) zunutze.

- Großer Trip zum Supermarkt! Kaufen Sie Obst und Gemüse, Getreide und haltbare Lebensmittel auf Vorrat.
- Besorgen Sie mehr Aufbewahrungsbeutel oder Zutatenbehälter.
- Samstagnachmittag oder Sonntagmorgen: Schlürfen Sie eine heiße Suppe oder backen Sie fluffige Pfannkuchen. Sie haben schon genug Salat gegessen!

SO ROCKEN! SIE DIESES SALAT-KOCHBUCH

In meinem Bestreben nach universeller Salat-Unödigkeit wollte ich, dass dieses Buch ganz einfach anzuwenden ist. Und das ist es auch: Sie können jedes beliebige Rezept aufschlagen und sofort einfach loslegen. Na los, ignorieren Sie diesen Abschnitt und essen Sie was!

Wenn Sie jedoch wissen möchten, wie man einen Salat anmutig und stilvoll wie ein *Salat Samurai* zubereitet, dann lesen Sie weiter.

ERSTENS: WIE WENDE ICH DIE REZEPTE AN?

Angesichts eines tollen Rezepts ist die Versuchung groß, sofort loszulegen! Schließlich muss man einfach nur kochen, richtig? Doch um unerwartete Hürden zu vermeiden und jedes Rezept problemlos zu meistern, halten Sie sich einfach an die folgenden 4 Schritte.

1 Lesen Sie das gesamte Rezept.

2 Lesen Sie es noch einmal, diesmal gründlich. Notieren Sie sich (im Kopf, auf Papier oder im Smartphone), welche Zutaten Sie brauchen. Schreiben Sie alles auf, was Sie momentan nicht 100-prozentig sicher im Haus haben.

3 Checken Sie Ihren Vorratsschrank und kaufen Sie die Dinge, die Ihnen fehlen.

4 Machen Sie den Salat. Denken Sie daran, dass Sie häufig irgendwo Zeit sparen können (z. B. Gemüse hacken, während die Sobanudeln kochen).

THE SPIN

In einigen Rezepten finden Sie unter „The Spin" hilfreiche Tipps und Hinweise zur Zubereitung oder zum Kauf ungewöhnlicher Zutaten, Serviervorschläge und andere Info-Leckerbissen zum Thema Salat.

SAMURAI-STYLE

Sie haben sicher schon dieses Schwert-Symbol in vielen Rezepten entdeckt. Unter „Samurai-Style" finden Sie Anregungen, wie Sie das Hauptrezept variieren oder ihm etwas mehr Pep verleihen können.

REZEPTSYMBOLE

Vielleicht sind Ihnen diese zwei kleinen Symbole unter den Rezeptüberschriften auch schon aufgefallen:

GLUTENFREI: In einigen dieser Rezepte werden weder Weizen noch andere Zutaten, die Gluten enthalten, verwendet. Wie Sie schnell feststellen werden, ist es aber meistens ganz einfach, glutenfreie Ersatzprodukte zu finden (z. B. glutenfreie Sobanudeln anstelle von gewöhnlichen Sobanudeln).

ROHKOST: Im Rezept finden Sie zusätzliche Tipps oder Anweisungen, wie Sie den ganzen Salat roh zubereiten können.

GRUNDAUSSTATTUNG

Für die Zubereitung von Salat werden nicht viele Geräte benötigt, aber mit einer hochwertigen Grundausstattung machen Salattage gleich noch viel mehr Spaß.

SALATSCHLEUDER

Salatschleudern sind sperrig und laut und gehören nicht unbedingt zu den attraktivsten Küchengeräten. Doch sie sind umwerfend, wenn es darum geht, Salatblätter, Kräuter, ja sogar Beeren, grüne Bohnen und andere kleinere Gemüsesorten zu waschen und zu trocknen. Schaffen Sie sich die größte Salatschleuder an, die in Ihren Kühlschrank passt – am besten eine mit Deckel für die Aufbewahrung des gewaschenen Salats.

HOCHLEISTUNGSMIXER

Ein **Blendtec, Vitamix** oder sogar ein nicht ganz so teures, aber leistungsstarkes Imitat verarbeitet Nüsse und Gemüse innerhalb von Sekunden zu cremigen Dressings. Ich weiß, diese Mixer sind nicht billig, aber langfristig gesehen zahlt sich so ein Gerät mehr als aus, wenn Sie genauso smoothiesüchtig sind wie ich. **Altmodische Mixer** (bei denen man die Basis zum Spülen abschrauben muss) schaffen es für gewöhnlich nicht, den leistungsstarken Geräten in Sachen Cremigkeit und Konsistenz das Wasser zu reichen. Das schaffen auch die meisten Küchenmaschinen nicht einmal ansatzweise.

GROßE SERVIERSCHÜSSELN

Damals, als Salat noch öde und uncool war, konnte man die kurzlebigen Blätterhäufchen ruhig in kleinen Schüsseln servieren. Doch die Salate in diesem Buch sind in eine ganze neue Mahlzeiten-Spezies: deftige Hauptgerichte, für die Sie große Schüsseln brauchen. Besorgen Sie sich **große, flache Pastaschüsseln,** in die locker mindestens drei große Handvoll ordentlicher Salat reinpassen.

SCHNEIDEN, REIBEN UND RASPELN

Wenn Sie länger als eine Minute benötigen, um eine Möhre zu würfeln, dann sollten Sie Ihr Messer und Ihre Schneidetechnik eventuell überdenken. Ein klassisches Kochmesser (oder ein japanisches Santoku-Messer) mit ausreichend

IM KLANGE DER ZANGE

Wenn Sie das nächste Mal unter der Woche gegen Mittag in der Stadt sind, dann spitzen Sie die Ohren: Sie hören das Klirren und Klappern, das beim Zusammenstellen individueller Salatmahlzeiten in den unzähligen Salat-und-Suppen-Ketten entsteht, die im Ökosystem der Büro-Mittagspausen-Szene florieren. Treten Sie ein und beobachten Sie einen Salatmeister in Aktion. Sie werden schnell feststellen, dass es für superschnellen Salat nur zwei Dinge braucht: Eine lange Metallzange in der einen Hand und eine große Schüssel in der anderen. Vergessen Sie umständliche Salatlöffel aus Holz oder Gabeln zum Mischen von Salat. Besorgen Sie sich *eine lange Metallzange* und servieren Sie Salat wie die Profis!

scharfer Klinge schneidet Gemüse schneller als jede Küchenmaschine oder das alte Messer aus dem Second-Hand-Laden, das Ihr Mitbewohner beim letzten Umzug in der Schublade liegen ließ. Ein richtig gutes Messer muss nicht mehr kosten als zwei Kinokarten mit Popcorn und belohnt Sie mit unzähligen gesunden, schnell zubereiteten Mahlzeiten. Eine kleine Investition, die sich auszahlt. Mein derzeitiges Lieblingsmesser ist ein robustes Santoku-Messer mit einem soliden Plastikgriff und einer fantastischen Klinge, die Wurzelgemüse und Tomaten mit Leichtigkeit zerlegt. Es hat mich weniger als 10 € gekostet und ist nach einem Jahr immer noch genauso scharf wie am Anfang.

Wenn es ums Raspeln und Reiben geht, ist eine gewöhnliche Vierkantreibe immer noch am besten. Warum soll ich die große, schwere Küchenmaschine rausholen, die ich anschließend mühsam per Hand spülen muss, wenn ich für einen Salat nur eine oder zwei Möhren oder rote Bete brauche? Mit einer einfachen Raspel oder Reibe kann ich Gemüse innerhalb von Minuten verarbeiten, anschließend in die Spülmaschine damit und fertig!

Außerdem unverzichtbar ist ein Gemüseschäler (die, die wie ein Y geformt sind). Anders als Vierkantreiben schneidet ein Gemüseschäler das Gemüse in lange Streifen, die an Nudeln erinnern. Wenn ich ein geriebenes Gemüse als Zutat für ein Rezept benötige (z. B. für Rote-Bete-Bällchen oder Möhrenfalafel), ist die Vierkantreibe ideal. Aber für elegante Gemüsestreifen im Salat, insbesondere bei Thai-Salaten mit Papaya, ist der Gemüseschäler meine Waffe der Wahl.

Um einen Kohl richtig schön zuzurichten, ist nichts so wunderbar geeignet wie ein Gemüsehobel, auch Mandoline genannt. Gemüsehobel sehen aus wie kleine, altmodische Waschbretter mit einer superscharfen Klinge. Sie machen aus Kohl (oder roter Bete, Möhren und anderem festen Gemüse) perfekte, hauchdünne Streifchen. Wenn Sie auf Nummer sicher gehen oder Ihre Fingerspitzen behalten wollen, gibt es Modelle, die zusätzliche Sicherheitsfunktionen haben.

TOFU PRESSEN: EIN BLICK HINTER DIE KULISSEN

Die eine Sache, die Sie mit einem Block Tofu unbedingt machen müssen, ist, ihn auszupressen. Tofu auspressen ist genau das, wonach es klingt: Üben Sie gleichmäßig Druck aus, entfernen Sie einen Großteil des Wassers aus dem Tofu und ändern Sie Ihre Einstellung gegenüber diesem vielseitigen und günstigen veganen Stück Eiweiß. Hinfort mit wässrigem, geschmacklosem Tofu!

Ohne das Wasser saugt der Tofu saftige Marinaden förmlich in sich auf und hat eine festere Konsistenz. Falls Sie noch keine

Tofupresse benutzen, geht es auch anders. Ganz so, wie es schon ihre vegane Oma gemacht hat.

Halbieren Sie einen 500 g-Block Tofu der Länge nach. Anschließend beide Hälften erneut halbieren. Nochmal alle Stücke halbieren, bis Sie insgesamt acht gleich große Tofuscheiben haben. Legen Sie ein großes Schneidebrett mit einem sauberen Geschirrtuch oder Papiertüchern aus. Legen Sie den Tofu in einer Lage auf das Tuch und breiten Sie ein zweites Tuch über dem Tofu aus. Legen Sie anschließend ein zweites Schneidebrett darauf und beschweren Sie das Brett mit Gegenständen, z. B. Dosen, Eisenpfannen, 300 Seiten dicken Kochbüchern o. Ä. Den Tofu 20 bis 60 Minuten pressen. Er sondert dabei ganz schön viel Wasser ab, daher pressen Sie ihn am besten neben der Spüle und leicht schräg, sodass das Wasser direkt in die Spüle ablaufen kann. (Oder Sie kaufen sich eine Tofupresse und müssen keinen Gedanken mehr an Tofuwasser verlieren!)

DER MOBILE SALAT

Wenn Sie mit Salat und Ihrem leeren, knurrenden Magen ganz allein sind, können Sie ruhig alle Zutaten in die Schüssel schmeißen und umrühren. Aber wenn Sie Gäste beeindrucken wollen oder einen Salat zum Mittagessen oder Picknick mitbringen, kommt die große Rührschüssel (oder den Salat direkt aus der Salatschleuder zu picken – ist auch schon vorgekommen) unter Umständen nicht ganz so gut an.

AUFGESCHICHTET

Für eine Dinnerparty oder ein nettes Essen mit Freunden schichte ich gern die Salatzutaten ohne Dressing auf hübschen Tellern oder Schüsseln auf. Dabei beginnen Sie mit den leichten Salatblättern oder geraspeltem Gemüse. Als nächste Schicht verwenden Sie die etwas gehaltvolleren Zutaten (Tempeh, Bohnen, Apfelscheiben usw.), dann streuen Sie beliebige trockene Toppings ansehnlich darüber. Machen Sie Kunst aus Ihrem Salat! Servieren Sie das Dressing dazu in kleinen Schälchen, sodass sich Ihre Freunde selbst bedienen können.

SALAT IM GLAS

Was früher nur eine Sache für Food-Blogger war, ist heute der letzte Schrei: Salate in großen Einmachgläsern mit weiter Öffnung. Glas ist der ultimative Salatbehälter, denn es hält den Inhalt kühl und hinterlässt keine komischen Plastikrückstände. Die altmodischen Gläser verleihen Ihnen außerdem einen rustikalen Foody-Pionier-Vibe.

Das Erfolgsgeheimnis dabei ist, das Dressing als Erstes ins Glas zu geben. „Verschlossen" wird das Ganze mit einer Lage knackigem oder festem Gemüse (Möhrenraspel, gewürfelte Radieschen, geröstete Süßkartoffeln) und zum Schluss geben Sie die empfindlicheren Salatblätter hinein. Zum Essen können Sie das Glas schütteln oder den Inhalt in eine große Schüssel kippen, sodass alles gut mit dem Dressing bedeckt wird.

BENTOBOX

Ultimativ niedlich! Diese eleganten Lunchboxen mit Innenfächern gibt es in unzähligen Variationen, Farben, aus Metall oder Plastik (BPA-freie Materialien sind momentan der absolute Hit) und es ist mit Sicherheit auch eine für Ihren Lifestyle dabei.

ZUTATEN-PLAUSCH

Die meisten Salatzutaten sind alte Bekannte. Hier ist eine Liste der etwas unüblicheren Komponenten, die in diesem Buch verwendet werden.

CHIASAMEN: Diese winzigen Samen haben den Sprung aus dem 80er-Kuriositäten-Kult geschafft und sind mittlerweile der neue Liebling der Naturkostszene. Sie sind vollgepackt mit Ballaststoffen und Omega-3-Fettsäuren, haben aber auch die einzigartige Angewohnheit, sich durch Einweichen in Wasser in ein dickflüssiges Gel zu verwandeln. Dieses Gel ist wunderbar dazu geeignet, Vinaigretten mehr Substanz zu verleihen (wodurch Sie weniger Öl benötigen).

CHINESISCHES 5-GEWÜRZE-PULVER: Diese wärmende Gewürzmischung besteht aus Sternanis, Zimt, Fenchel, Nelken und Szechuanpfeffer. Sie ist eine Superwürze für geröstete Nüsse oder Tofu, macht sich aber auch gut in Dressings. Normalerweise in jedem Laden erhältlich, der in Sachen Gewürze etwas auf sich hält.

ESSIG: Es gibt so viele verschiedene Essigsorten! Alles, woraus man Alkohol machen kann, kann auch zu Essig verarbeitet werden. Für unsere Zwecke sollten Sie immer jeweils eine Flasche Apfelessig, Rotweinessig und süßen Reisessig im Haus haben. Ume Su oder Umeboshi-Würzsoße ist ein Essig, der aus eingelegten japanischen Pflaumen hergestellt wird. Ume Su ist salzig und intensiv fruchtig im Geschmack und wird ebenfalls in ein paar Rezepten verwendet. Eine kleine Flasche reicht dicke.

FLÜSSIGES RAUCHAROMA: Eine 100 % vegane Würze mit echtem Raucharoma. Es hat einen sehr intensiven Geschmack, deshalb sollten Sie immer vorsichtig dosieren, wenn Sie einem Gericht ein deftiges Barbecue-Aroma verleihen möchten, ohne den Grill anzuschmeißen.

FRISCHER INGWER: Ich kann mir denken, was Ihnen jetzt durch den Kopf geht: „Ich weiß, was frischer Ingwer ist!" Ich will Sie an dieser Stelle nur freundlich daran erinnern, dass sich frische Ingwerstücke mühelos einfrieren lassen und Sie so verhindern, einsame, vertrocknete Ingwerklumpen ganz unten in der Gemüsekiste zu finden, wenn Sie frischen Ingwer gerade am dringendsten brauchen. Kratzen Sie mit einem Löffel (das funktioniert wirklich!) die Schale ab und schneiden Sie den Ingwer in etwa 5 cm große Stücke. Gut einwickeln und einfrieren. Zum Verwenden einfach ein Stück auf der Arbeitsfläche in der Küche ein paar Minuten antauen lassen (es macht nichts, wenn es noch leicht gefroren ist), anschließend hacken oder reiben. Aus halb gefrorenem Ingwer kann man wunderbar luftigen Ingwerschnee reiben, der sich perfekt in Dressings und Marinaden einrühren lässt!

HEFEFLOCKEN: Hierbei handelt es sich um ein goldenes, geflocktes Hefepulver, das häufig in der veganen Küche zum Einsatz kommt und viel besser schmeckt als es klingt! Hefeflocken lösen sich in Flüssigkeiten auf und haben einen vollmundigen, kräftigen Geschmack, der an Käse erinnert (Stinkekäse genau genommen). Hefeflocken können aufs Essen gestreut werden und verpassen pflanzlichen Gerichten neben einer Portion Extraeiweiß und B-Vitaminen einen kräftigen Umami-Boost.

KOKOSWASSER: Dieses erfrischende Wasser, das aus frischen Kokosnüssen gewonnen wird, hat in letzter Zeit wahnsinnig an Beliebtheit gewonnen. Ich verwende es gern in Vinaigretten aufgrund seines zarten Mundgefühls und milden Geschmacks. Achten Sie darauf, in diesen Rezepten nur reines, ungesüßtes Kokoswasser ohne zugesetzte Geschmacksstoffe zu verwenden. Und verwechseln Sie es auf gar keinen Fall mit Kokosmilch (die cremig, dickflüssig und meistens in Dosen erhältlich ist). Kokoswasser wird normalerweise in sterilen Päckchen verkauft, die Sojamilchtüten ähneln.

KOKOSBLÜTENZUCKER: Eine rustikale Alternative zu weißem Zucker. Er wird aus Kokosblütennektar gewonnen und ist normalerweise vegan sowie biologisch und nachhaltig angebaut. Sein Geschmack ähnelt Melasse. Alternativ können Sie biologisch angebauten hellbraunen Zucker verwenden.

MISO: Bei Miso handelt es sich um eine japanische fermentierte Sojabohnenpaste, die als Suppenbasis verwendet wird. Sie verleiht Dressings einen kräftigen Umami-Geschmack (und macht sie schön salzig). Weiße Misopaste (shiro miso) schmeckt süßlich und mild und ist eine vielseitige Zutat in vielen Rezepten dieses Buches. Ich verwende außerdem die kräftigere rote Misopaste.

PAPADAMS: Diese leckeren, papierdünnen indischen Fladen werden aus gemahlenen Linsen und Gewürzen zubereitet. In indischen Geschäften finden Sie Papadams in vielen verschiedenen Geschmacksrichtungen. Sie müssen vor dem Verzehr entweder frittiert oder über einer Flamme geröstet werden. Meine Wahl fällt normalerweise aufs Rösten, denn das geht auf einem Gasherd ganz einfach. Halten Sie die rohen Papadams mit einer langen Metallzange zwei cm über eine kleine Flamme, bis die Oberfläche Bläschen bildet und knusprig wird. Wenden und gleichmäßig über die Flamme bewegen, bis die Papadams fertig sind. Es kann sein, dass Sie erst etwas Übung brauchen und den einen oder anderen Papadam verbrennen, aber ein paar kleine verkohlte Stellen machen gar nichts.

PERSISCHE GURKEN: Ein kleiner, schlanker Verwandter der gewöhnlichen Salatgurke. Persische Gurken haben Biss und eine dünne, essbare Schale – kein Schälen notwendig! Für authentische nahöstliche Salate sind sie unabdingbar, und so lecker und einfach zu verwenden, dass ich sie viel lieber esse als die üblichen wässrigen Gurken.

SALZ (also richtig gutes Salz): Klar, es gibt Speisesalz. Es gibt aber auch richtig gutes Salz. Für meine reinen Vinaigretten verwende ich hochwertiges Meersalz. Aber wenn Sie Salz auf glasierte geröstete Nüsse oder saftige Augustto-

maten streuen möchten, dann können Sie ruhig schweres Geschütz auffahren! Verwenden Sie flockiges Maldon-Salz, rosafarbenes Himalayasalz oder ein anderes protziges, aber außergewöhnliches Salz.

SRIRACHA-SOSSE: Es scheint ein allgegenwärtiger Trend zu sein, diese pikante asiatische Knoblauch-Chili-Soße großzügig über jedes beliebige Gericht zu kippen. Sie macht sich aber auch super in Marinaden und verleiht glasierten gerösteten Pekannüssen – einer meiner Favoriten in diesem Buch – das gewisse Etwas.

TAHINA: Cremige, reine Sesamtahina ist eine unverzichtbare Zutat in so vielen großartigen Salatdressings. Die besten Sorten kommen aus dem mittleren Osten und haben eine seidig glatte Konsistenz, Hippy-Tahina aus Bio-Anbau geht aber auch! Sie ist meistens in Gläsern oder Dosen erhältlich und ist nicht zu verwechseln mit fertiger Tahina-Soße!

TAMARI: Japanische Sojasoße mit kräftigem Geschmack. Tamari ist schon seit Jahrzehnten ein Liebling in der Naturkostküche und wird normalerweise ohne zugesetzte Konservierungsstoffe und anderen Mist hergestellt, der in Ihrer Ernährung nichts zu suchen hat. Ihr Erzfeind heißt Gluten? Dann verwenden Sie einfach glutenfreie Tamari!

TAMARINDENKONZENTRAT: Wird auch als Tamarindenpaste bezeichnet. Ich mag die herb schmeckenden Tamarinden sehr gerne, die Verarbeitung der frischen oder getrockneten Schoten ist allerdings sehr mühselig. Zähes, braunes Tamarinden-Konzentrat ist ganz leicht zu verwenden und gibt Dressings und Marinaden einen tropischen Hauch. Es ist häufig in Asia-Supermärkten zu finden.

TEMPEH: Ein festes, fermentiertes Bohnenküchlein (normalerweise aus Sojabohnen). Es gibt auch Sorten, die aus Reis oder Gerste hergestellt werden. Es hat einen hohen Eiweißgehalt, lässt sich super grillen oder schmoren und hat einen zarten, nussigen Geschmack. Tempeh ist in Naturkostläden und mit etwas Glück auf dem Wochenmarkt erhältlich (es ist auch zunehmend in größeren Supermärkten zu finden).

TOFU: Die zwei verbreitetsten Tofusorten sind: fester, bröckliger chinesischer Tofu und weicher japanischer Seidentofu, der eher an dickflüssige Vanillesoße erinnert. Der feste chinesische Tofu ist zum Marinieren und Rösten hervorragend geeignet, während sich der zarte japanische ausgezeichnet zu glatten Dressings pürieren lässt.

UNGERÖSTETE CASHEWKERNE: Mit gesalzenen und gerösteten Cashewkernen sind Sie mit Sicherheit vertraut. Ungeröstete Cashews hingegen sind für tolle cremige und sojafreie Dressings unabdingbar. Sie werden auch häufig als rohe Cashews bezeichnet, allerdings müssen alle Cashewkerne erhitzt werden, um natürlich in der Nuss vorkommende Giftstoffe zu entfernen. Besorgen Sie ungeröstete und ungesalzene Cashewkerne. Sie werden in vielen Rezepten in diesem Buch verwendet, also kaufen Sie ruhig große Mengen. Kühl lagern!

VITAL-WEIZENGLUTENMEHL: Wenn Sie sich glutenfrei ernähren, HÖREN SIE AN DIESER STELLE AUF ZU LESEN. Alle anderen: mir nach! Dieses seidenweiche Mehl ist das, was von Weizenmehl übrig bleibt, nachdem der Stärkeanteil ausgewaschen wurde: das reine Weizeneiweiß (Gluten!). Schnappen Sie sich ein, zwei Beutel, um ganz einfach und schnell Seitan (einen herzhaften DIY-Fleischersatz) zuzubereiten.

ZITRONENGRAS: Frisches Zitronengras ist nicht zu verachten, denn es ist einfach zu verwenden und verleiht jedem Gericht ein wundervolles zartes Zitronenaroma. Wenn es sehr trocken ist, sollten Sie die äußeren Blätter entfernen und die obersten 15 bis 18 cm abschneiden (den dünnen, trockenen Teil). Den übrigen dicken Stiel halbieren und diese Hälften wiederum in hauchdünne Scheibchen schneiden. Alternativ können Sie den Stiel auch grob hacken, in die Küchenmaschine schmeißen und pürieren. Gehacktes Zitronengras können Sie bis zu einem Monat einfrieren. Wenn frisches Zitronengras bei Ihnen nicht erhältlich ist, bekommen Sie in Delikatessen- oder Naturkostmärkten mit etwas Glück gehacktes Zitronenglas in Gläsern, das zwar nicht ganz so aromatisch ist, aber besser als nichts. Getrocknetes Zitronengras können Sie jedoch komplett vergessen, es schmeckt nach nichts.

TEIL II

DIE REZEPTE

DRESSED TO THRILL:

CREMIGE DRESSINGS UND FEINE VINAIGRETTEN

Essig und Öl könnten gegensätzlicher nicht sein, aber gemeinsam verschmelzen sie zu so manchem fantastischen und simplen Salatdressing. Wenn Ihnen beileibe nichts einfallen will, rufen Sie sich dieses Mantra ins Gedächtnis: 1 Teil Öl, 1 Teil Essig und eine Prise Salz und Pfeffer.

Nichtsdestotrotz kann weder Frau noch Mann von Balsamico-Essig und Olivenöl allein leben: Cremige Dressings, fruchtige Dressings, scharfe, süße oder nussige Dressings verwandeln gewöhnliches Gemüse in eine Mahlzeit voller Inspiration. So vielfältig sie im Geschmack sind, so einfach sind sie auch zuzubereiten.

Für viele der Salate in diesem Buch werden Sie zu diesem Kapitel zurückkehren, um ein köstliches Dressing zu finden, das Ihre gesamte Hauptmahlzeit definiert. Was ist schon ein Krautsalat mit den Aromen eines sommerlichen Grillabends ohne einen Klecks Ranch-Dressing? Oder ein rustikaler französischer Bauernsalat ohne den obligatorischen Spritzer Senf-Schalotten-Dressing? Gleichzeitig finden Sie hier einige Dressings, die im Alleingang allen die Show stehlen – wahre „Freelancer", die nicht zu einem bestimmten Salat gehören, sondern einzig dafür da sind, Ihre kreativen Salatbedürfnissen zu befriedigen. Also her mit den bescheidenen Blättchen, dem Tofu und den Kichererbsen; wählen Sie ein Dressing, denn jetzt sind *Sie* der *Salat Samurai!*

Ein kleiner Tipp: Diese Dressings schmecken am besten frisch, aber manchmal werden Sie sie im Voraus planen und zubereiten müssen. Dafür gilt: Verwenden Sie cremige Dressings innerhalb von 3 Tagen und Vinaigretten innerhalb von 7 Tagen. Vor Gebrauch immer gut schütteln. Wenn das Dressing zu dickflüssig geworden ist, rühren Sie einfach einen Esslöffel Wasser oder Zitronensaft unter.

ZURÜCK-ZUR-RANCH-DRESSING

 REZEPT FÜR: ETWA 375 ML

ZUBEREITUNGSZEIT: WENIGER ALS 10 MINUTEN (PLUS EINWEICHZEIT FÜR DIE CASHEWS)

Meine absolute Nummer 1 der einfachen, leckeren und cremigen Salatdressings. Dieses vielseitige Dressing lässt sich mit Kräutern, Gewürzen und Gewürzsoßen superleicht jedem Salat anpassen, den Sie sich vorstellen können. Und das Allerbeste dabei ist, dass Sie garantiert nie wieder ein Glas Mayonnaise (vegan oder nicht) aufmachen werden, denn diese köstliche Cashew-Soße ist binnen Minuten gemacht.

Sie sollten das Dressing nur nach Bedarf zubereiten und dann für den frischesten Geschmack und das beste Mundgefühl innerhalb von 2 Tagen aufbrauchen. Für die alltägliche Portion Salat können Sie das Olivenöl auch weglassen (es macht das Dressing jedoch noch reichhaltiger und leckerer), aber die Kombination von Knoblauchpulver und frischem Knoblauch verleiht dieser Salatsoße eine komplexe Vielschichtigkeit, die keine der beiden Zutaten alleine hinbekommt!

1. Die Cashewkerne 30 Minuten in heißem Wasser einweichen. Dann mitsamt dem Einweichwasser in einen Mixer geben und glatt pürieren. Wenn Sie einen sehr leistungsstarken Mixer haben (z. B. Vitamix oder Blendtec) können Sie sich das Einweichen sparen: Die Cashews zu einem feinen Pulver verarbeiten, das heiße Wasser hinzugeben und glatt pürieren.

2. Die übrigen Zutaten hinzugeben und erneut pürieren. Das Dressing in einen Behälter geben, gut verschließen und bis zum Gebrauch im Kühlschrank aufbewahren (mindestens 20 Minuten, damit die Aromen verschmelzen können). Innerhalb von 2 Tagen aufbrauchen.

 Für dieses Rezept sind ungeröstete Cashewkerne unverzichtbar – sie können durch nichts ersetzt werden. Die ungerösteten Nüsse haben einen mildsüßen, milchähnlichen Geschmack. Geröstete (und gesalzene) Nüsse sind nicht so gut geeignet; sie sind zwar lecker, aber ihr deutlich nussiger Geschmack und der bräunliche Farbton sind für dieses milde, cremige Ranch-Dressing zu kräftig.

DRESSINGS

- 80 g ungeröstete Cashewkerne
- 180 ml heißes Wasser
- 2 EL frisch gepresster Zitronensaft
- 1 EL Olivenöl
- 1 Knoblauchzehe, geschält
- 2 TL weiße (shiro) Misopaste
- 2 TL Dijon-Senf
- 1 TL Knoblauchpulver
- 1 TL Zwiebelpulver
- 3 EL gehackte frische Kräuter (z. B. Dill, Basilikum oder Estragon)

SAMURAI STYLINGS

Für die folgenden Varianten die frischen Kräuter weglassen. Ich bereite die Dressingbasis ohnehin gern ungewürzt zu und mache dann daraus zwei verschiedene Dressings. Die hier angegebenen Zutaten sind aber auf das gesamte Basisrezept abgestimmt.

CHIPOTLE: 1 EL gehackte Chipotle-Chilis in Adobosoße untermischen.

CURRY-LIMETTE: 2 TL Currypulver untermischen und anstelle von Zitronensaft Limettensaft verwenden.

MANGO-CHUTNEY: 4 EL Mango-Chutney untermischen.

ROTES CURRY: 1 bis 2 EL rote Thai-Currypaste untermischen.

CREMIGE SRIRACHA: 3 EL Sriracha-Soße untermischen.

AHORN-„BACON": 1 EL Ahornsirup und 4 EL Ihres veganen Lieblings-Bacon oder 30 g Kokosspeck-Häppchen (Seite 48) untermischen. Dieses Dressing schmeckt sofort nach der Zubereitung am besten!

PESTO-RANCH: 3 EL veganes Basilikumpesto untermischen.

CREMIGES AHORN-SENF-DRESSING

80 g ungeröstete Cashewkerne
125 ml heißes Wasser
45 g körniger Senf
2 EL Ahornsirup
1 EL gehackte Schalotten
½ TL Salz

 REZEPT FÜR: 375 ML
ZUBEREITUNGSZEIT: WENIGER ALS 10 MINUTEN

Die Rockstar-Kombination aus Ahornsirup und körnigem Senf ist bereits ein tolles Allzweck-Dressing, aber Cashewkerne machen daraus eine cremige, verboten leckere Soße. Sie passt perfekt zu jedem der knusprig-knackigen Tempeh-Salate in diesem Buch, macht sich jedoch ebenso elegant auf einem zarten Frühlingssalat.

1 Die Cashewkerne 30 Minuten in heißem Wasser einweichen. Dann mitsamt dem Einweichwasser in einen Mixer geben und glatt pürieren. Wenn Sie einen sehr leistungsstarken Mixer haben (z. B. Vitamix oder Blendtec) können Sie sich das Einweichen sparen: Die Cashews zu einem feinen Pulver verarbeiten, das heiße Wasser hinzugeben und glatt pürieren.

2 Die übrigen Zutaten hinzugeben und cremig pürieren. Mindestens 20 Minuten oder bis zum Servieren kaltstellen, damit die Aromen verschmelzen können. Im Kühlschrank aufbewahren und innerhalb von 2 Tagen aufbrauchen.

ZITRONEN-TAHINA-DRESSING

   REZEPT FÜR: 375 ML
ZUBEREITUNGSZEIT: WENIGER ALS 10 MINUTEN

125 ml Sesam-Tahina
60 ml frisch gepresster Zitronensaft
1 Knoblauchzehe, geschält
½ TL Salz
160 ml kaltes Wasser

Als ich begann, Käse und andere Milchprodukte durch vegane Alternativen zu ersetzen, fanden vollmundige, cremige Tahina-Soßen als Erstes den Weg in mein neues Repertoire. Die sämig samtige Konsistenz von Sesam-Tahina ist für Soßen einfach wie geschaffen. In Sachen Vielseitigkeit ist dieses simple Zitronen-Tahina-Dressing der Gewinner schlechthin.

1 Alle Zutaten in einen Mixer geben und glatt pürieren. Nach Belieben mit mehr Salz oder Zitronensaft abschmecken. 30 Minuten kalt stellen, damit das Dressing andickt. (Wenn Sie es über Nacht im Kühlschrank aufbewahren, wird es noch fester.) Gegebenenfalls esslöffelweise kaltes Wasser unterrühren, um die Soße wieder zu verdünnen. Im Kühlschrank aufbewahren und innerhalb von 2 Tagen aufbrauchen.

Das Dressing lässt sich vielseitig abwandeln:

KRÄUTER-TAHINA: 3 EL gehackte frische Kräuter (Dill, Koriander, Petersilie, Estragon oder eine Mischung) untermischen.

ORANGEN-TAHINA: Anstelle des Wassers Orangensaft verwenden (frisch gepresst oder gekauft) und die abgeriebene Schale von 1 Orange untermischen.

ZITRONEN-MOHN-TAHINA: Die abgeriebene Schale von 1 Zitrone und 1 gehäuften EL Mohnsamen untermischen.

CHIA-CHIPOTLE-DRESSING

125 ml frisch gepresster oder gekaufter Orangensaft

3 EL frisch gepresster Limettensaft

2 EL Olivenöl

1 EL gehackte Chipotle-Chilis in Adobosoße

2 TL Agavendicksaft

1 EL Chiasamen

1 Knoblauchzehe, gehackt

½ TL gemahlener Kreuzkümmel

½ TL Salz

SRIRACHA-CHIA-DRESSING

Die Chilis in Adobosoße durch 2 EL Srirachasoße ersetzen!

 REZEPT FÜR: 250 ML
ZUBEREITUNGSZEIT: WENIGER ALS 10 MINUTEN

Chiasamen verleihen diesem fruchtigen Dressing Substanz und Fülle, während die Chipotle-Chilis ein rauchiges Aroma beisteuern. Es passt hervorragend zum feurigen Quinoa-Obstsalat (Seite 97) und anderen getreidebasierten Salaten. Die Sriracha-Fans unter Ihnen sollten sich außerdem meine ganz einfache Sriracha-Variation ansehen!

1 Alle Zutaten in einem Messbecher aus Glas oder Plastik verrühren. Abgedeckt 10 Minuten oder über Nacht kalt stellen, um die Chiasamen aufquellen zu lassen. Im Kühlschrank aufbewahren und am besten innerhalb von 2 Tagen verbrauchen.

 Chipotle-Chilis in Adobosoße finden Sie in den lateinamerikanischen oder mexikanischen Abteilungen großer Supermärkte (normalerweise in Dosen). Wenn Sie die Chilis in einem Rezept verwenden möchten, nehmen Sie sie aus der Dose und fangen Sie die Soße in einem Glas- oder Plastikbehälter auf. Die Chilis hacken und anschließend wieder mit der Soße vermischen. Wenn Sie es weniger scharf mögen, können Sie die Chilischoten vor dem Hacken aufschlitzen und mit der Spitze eines Messers die Samen herauskratzen. Gut abgedeckt im Kühlschrank aufbewahren und in Dressings, Marinaden, Rührtofu oder Bohnengerichten verwenden.

MANDELMUS-HANF-DRESSING

  REZEPT FÜR: CA. 375 ML
ZUBEREITUNGSZEIT: WENIGER ALS 10 MINUTEN

- 2 Medjool-Datteln
- 160 ml heißes Wasser
- 2 gehäufte EL rote Misopaste
- 60 g rohes Mandelmus
- 2 EL Hanfsamen
- 1 Knoblauchzehe, gehackt
- 2 TL frischer Ingwer, gehackt

Dieses nussige Dressing steckt voll gesunder Fettsäuren. Es ist zwar das ganze Jahr über umwerfend, aber in Kombination mit Herbst- und Wintergemüse wie Kürbis, Grünkohl oder knackigem Kohl wird es zum regelrechten Seelentröster. Rote Misopaste hat einen kräftigeren, volleren Geschmack als weiße Miso (shiro miso) und kann sich gegen das erdige Mandelmus besser durchsetzen. Versuchen Sie es als alternatives Dressing zum Vanessa-Kabocha-Salat (Seite 157).

1 Die Datteln 5 Minuten in heißem Wasser einweichen, dann auseinanderziehen und die Steine entfernen. Anschließend die Datteln mitsamt dem Einweichwasser in einen Mixer geben.

2 Die übrigen Zutaten hinzugeben und glatt pürieren. Abdecken und 10 Minuten kalt stellen. Das Dressing dickt dabei nach. Wenn Sie es über Nacht kalt stellen, wird es noch fester, doch Sie können einen Löffel kaltes Wasser unterrühren und es so nach Belieben wieder verdünnen. Im Kühlschrank aufbewahren und innerhalb von 3 Tagen verbrauchen.

THE SPIN

Für eine karamellige Süße verwende ich am allerliebsten große, weiche Medjool-Datteln. Für dieses Rezept sind jedoch alternativ auch 3 bis 4 gewöhnliche braune Datteln geeignet.

SCHALOTTEN-SENF-CHIA-VINAIGRETTE

REZEPT FÜR: CA. 250 ML
ZUBEREITUNGSZEIT: WENIGER ALS 10 MINUTEN

Dieses Rezept ist meine fettärmere Version des klassisch französischen Dressings aus Olivenöl, Schalotten und Senf. Es ist eine supervielseitige Vinaigrette, die zu jedwedem Gemisch aus Blattsalaten, Linsen oder schonend blanchiertem Gemüse passt. Durch die Geliereigenschaften der Chiasamen und die Sämigkeit des Kokoswassers entsteht eine befriedigende Dressingbasis mit viel weniger Öl als in den traditionellen Rezepten. Für den richtigen Geschmack muss ein bisschen Olivenöl aber sein – besorgen Sie sich daher das beste kalt gepresstes Öl, das Ihr Budget zulässt!

- 125 ml reines Kokoswasser
- 1 EL Chiasamen
- 2 EL Weißweinessig oder Reisessig
- 2 EL Olivenöl
- 2 EL fein gehackte Schalotten (etwa 1 große Schalotte)
- 1 gehäufter EL cremiger Dijon-Senf
- 1 EL gehackter frischer Estragon (oder 1 TL getrockneter)
- ½ TL Salz
- ¼ TL frisch gemahlener schwarzer Pfeffer

1 Alle Zutaten verrühren, sodass eine sämige Masse entsteht. In ein Einmachglas oder einen ähnlichen Glasbehälter gießen, locker abdecken und mindesten eine Stunde kalt stellen, damit das Dressing andicken kann. Im Kühlschrank aufbewahren und am besten innerhalb von 5 Tagen aufbrauchen.

THE SPIN: Wenn Sie cremige, dickflüssige Dressings mögen, können Sie die Zutaten auch im Mixer glatt pürieren. Ich mag diese Vinaigrette aber am liebsten nur verrührt und kalt gestellt.

GALAPAGOS-DRESSING

 REZEPT FÜR: 375 ML
ZUBEREITUNGSZEIT: WENIGER ALS 10 MINUTEN

Dieses Dressing entstand, als ich eine Alternative zum klassischen Thousand Island Dressing für meinen Betebällchen-Pommes-frites-Salat (Seite 141) und den Tempeh-Reubenesque-Salat (Seite 145) brauchte. Dieses cremige, herzhafte und mild süße Dressing kann einfach über knackiges Gemüse wie Kohl, grüne Bohnen oder Brokkoli geträufelt werden und macht sich perfekt zu fermentiertem Gemüse wie Sauerkraut! Auch als Gemüsedip geeignet.

1 Zurück-zur-Ranch-Dressing (Seite 17, ohne frische Kräuter zubereitet)

3 EL Ketchup

3 gehäufte EL Dill oder süßes Gurken-Relish

2 EL fein gehackte weiße Zwiebeln

½ TL Tabasco

1. Alle Zutaten im Mixer pürieren (entscheiden Sie selbst, wie cremig Sie es haben möchten). In ein Einmachglas oder einen ähnlichen Glasbehälter geben, abdecken und am besten 10 Minuten kalt stellen. Im Kühlschrank aufbewahren und für den besten Geschmack innerhalb von 2 Tagen aufbrauchen.

Sie haben kein Relish im Haus? 70 g grob gehackte Dill-Cornichons und 1 TL Agavendicksaft zu den übrigen Zutaten in den Mixer geben und pürieren.

NEW YORKER DRESSING

 REZEPT FÜR: CA. 375 ML
ZUBEREITUNGSZEIT: WENIGER ALS 10 MINUTEN

6 in Öl eingelegte sonnengetrocknete Tomatenhälften, abgetropft

125 ml warmes Wasser

3 EL Sesam-Tahina

3 EL Hefeflocken

2 EL Olivenöl (für einen kräftigeren Tomatengeschmack können Sie alternativ das Öl von den sonnengetrockneten Tomaten verwenden)

2 EL Tamari

2 EL Apfelessig

2 Knoblauchzehen, geschält

Servieren Sie dieses samtweiche Dressing zu Blattsalaten und saftigen Sommertomaten. Anders als das Zeug, das es in Flaschen zu kaufen gibt, ist dieses Dressing richtig dickflüssig und wird im Kühlschrank sogar noch fester. Am besten rühren Sie vor dem Servieren noch 1 oder 2 Esslöffel Wasser unter.

1 Alle Zutaten in einen Mixer geben und glatt pürieren. Nach Belieben mit einem Extraspritzer Tamari oder Essig abschmecken. Abdecken und vor dem Servieren 10 Minuten kalt stellen. Im Kühlschrank aufbewahren und innerhalb von 2 Tagen aufbrauchen. Wenn Sie eine etwas flüssigere Konsistenz bevorzugen, können Sie das Dressing vor dem Servieren mit 1 oder 2 EL warmem Wasser verdünnen.

Nicht alle Tahinapasten sind gleich! Für Dressings verwende ich am liebsten die flüssigere Sorte, die üblicherweise in der nahöstlichen oder mediterranen Küche verwendet wird. Sie ist weicher, zertrennt sich fast nicht und ist viel leichter zu verrühren als die Tahina aus der Dose.

CREMIGES KORIANDER-LIMETTEN-DRESSING

GF **REZEPT FÜR:** CA. 375 ML
ZUBEREITUNGSZEIT: WENIGER ALS 10 MINUTEN

Für mexikanische Salate und alle Gerichte, in denen Avocados, Mais oder sogar frische Feigen (siehe Seite 119) auftauchen, ist ein kühles, cremiges Limetten-Koriander-Dressing ein Muss. Es passt aber auch ausgezeichnet zu Tacos!

1 Die Cashewkerne 30 Minuten in heißem Wasser einweichen (oder abgedeckt im Kühlschrank über Nacht). Dann mitsamt dem Einweichwasser in einen Mixer geben und glatt pürieren. Wenn Sie einen sehr leistungsstarken Mixer haben (z. B. Vitamix oder Blendtec) können Sie sich das Einweichen sparen: Die Cashews zu einem feinen Pulver verarbeiten, das heiße Wasser hinzugeben und glatt pürieren.

2 Die übrigen Zutaten dazugeben und erneut pürieren, bis das Dressing cremig ist. In einem fest verschlossenen Behälter mindestens 20 Minuten oder bis zum Servieren kalt stellen, damit sich die Aromen vermischen können. Im Kühlschrank aufbewahren und innerhalb von 2 Tagen aufbrauchen.

80 g ungeröstete Cashewkerne
180 ml heißes Wasser
2 EL frisch gepresster Limettensaft
1 EL Olivenöl
1 Knoblauchzehe, geschält
2 TL weiße (shiro) Misopaste
1 TL Knoblauchpulver
1 TL Zwiebelpulver
1 kleines Bund frischer Koriander
1 Jalapeño, geröstet

THE SPIN

Wenn Sie nur ganz schnell eine Jalapeño rösten möchten, erhitzen Sie eine trockene Eisenpfanne auf hoher Flamme und legen Sie die Jalapeño hinein. Gelegentlich wenden, sodass sie auf allen Seiten gleichmäßig geröstet wird, dann aus der Pfanne nehmen, 5 Minuten abkühlen lassen und die Haut abziehen. Eine mildere Schärfe erhalten Sie, wenn Sie die Samen und die innere weiße Haut entfernen, bevor Sie die Jalapeño im Dressing verarbeiten.

MÖHREN-INGWER-CHIA-DRESSING

- 65 g geschälte und gewürfelte Möhren
- 1 gehäufter EL geriebener frischer Ingwer
- 2 Knoblauchzehen, geschält
- 1 kleine weiße Zwiebel, gehackt
- 2 gehäufte EL weiße (shiro) Misopaste
- 1 gehäufter EL Chiasamen (am besten weiße)
- 1 EL Agavendicksaft
- 180 ml Wasser
- ½ TL geröstetes Sesamöl

REZEPT FÜR: CA. 430 ML
ZUBEREITUNGSZEIT: 15 MINUTEN

Süß und scharf – Möhren-Ingwer-Dressings schmecken toll und sehen zu allem fantastisch aus. Wenn Sie einen Smoothie zubereiten können, dann kriegen Sie auch dieses Dressing hin! Die Omega-3-beladenen Chiasamen verleihen dieser fast ölfreien Variante (die kleine Menge geröstetes Sesamöl haut geschmacklich rein!) Substanz; verwenden Sie weiße Samen, da sie im Dressing schicker aussehen, aber wenn Sie keine da haben, geht eine andere Sorte genauso gut.

1 Alle Zutaten im Mixer glatt pürieren. In einen Glasbehälter füllen, fest verschließen und 15 Minuten oder über Nacht kalt stellen. Je länger Sie es im Kühlschrank aufbewahren, desto fester wird es und die verschiedenen Aromen kreieren eine süße, „möhrige" Milde. Wenn Sie es lieber etwas flüssiger mögen, einfach etwas mehr Wasser einrühren. Im Kühlschrank aufbewahren und innerhalb von 2 Tagen aufbrauchen.

WÜRZIGE SALATSTREUSEL

REZEPT FÜR: CA. 180 G
ZUBEREITUNGSZEIT: 5 MINUTEN (PLUS ZEIT ZUM TROCKNEN UND RÖSTEN)

Diese leckeren Würzkrümel basieren auf dem nahöstlichen Duqqah, einer Art trockenem, nussbasiertem „Dip". Meine Version hat jedoch einen leicht säuerlichen Geschmack, der an Kräuter und amerikanisches Ranch-Dressing erinnert. Mit dieser Streuwürze verleihen Sie Ihrem Salat etwas mehr Biss und eine kleine Extraportion Eiweiß – egal, ob mit oder ohne Dressing.

1. Alle Zutaten in einer Küchenmaschine verarbeiten, bis eine bröselige Masse entstanden ist.

2. Wenn Sie ein Dörrgerät besitzen, die Masse dünn auf einer soliden Dörreinlage verstreichen und 6 bis 8 Stunden trocknen, bis die Masse trocken und krümelig ist. In einem fest verschlossenen Behälter im Kühlschrank aufbewahren und innerhalb einer Woche aufbrauchen. Wenn Sie kein Dörrgerät haben, die Masse auf einem mit Backpapier ausgelegten Backblech verstreichen und bei 160° Celsius 15 bis 20 Minuten rösten. Dabei gelegentlich durchmischen. Aus dem Ofen nehmen, wenn die Mischung einen sehr hellen, goldenen Farbton annimmt (nicht braun werden lassen). Vollständig abkühlen lassen und wie oben beschrieben aufbewahren.

---

140 g rohe Mandelsplitter

30 g gerösteter oder ungerösteter Sesam

4 EL gehackter frischer Schnittlauch

2 EL frisch gepresster Zitronensaft

1 EL Olivenöl

1 TL Knoblauchpulver

1 TL Zwiebelpulver

½ TL Salz

DRESSINGS

½ Bund frischer Koriander

60 ml frisch gepresster Limettensaft

60 ml Kokosnusswasser

1 Jalapeño (optional; für ein mildes Dressing weglassen)

1 große Schalotte

1 EL mildes Oliven- oder Rapsöl

1 EL gehackter frischer Ingwer

1 EL gehacktes Zitronengras

1 TL Kokosblütenzucker oder brauner Zucker (bio)

½ TL Salz

großzügige Prise gemahlener weißer Pfeffer

GRÜNES CURRY-DRESSING

REZEPT FÜR: 180 ML
ZUBEREITUNGSZEIT: WENIGER ALS 10 MINUTEN

Tun Sie Ihren Geschmacksknospen einen Gefallen und gönnen Sie sich eine Portion dieses von grünem Thaicurry inspirierten Dressings! Es lässt einen simplen grünen Salat so richtig aufleben und ist fester Bestandteil meines umwerfend köstlichen Curry-Linsen-Quinoa-Salats (Seite 88).

1 Alle Zutaten in einem Mixer so geschmeidig wie möglich pürieren. Abdecken, kalt stellen und für besten Geschmack innerhalb von 2 Tagen aufbrauchen.

Sie fahren immer am besten, wenn Sie Ihr eigenes Currydressing frisch zubereiten, aber wenn Sie mal überhaupt gar keine Lust haben, können Sie auch 3 EL gekaufte grüne Currypaste mit dem Limettensaft und Kokoswasser verrühren. Es gibt allerdings auch bei Currypasten Qualitätsunterschiede, es kann also sein, dass Sie etwas mehr oder weniger als angegeben verwenden müssen.

MAGISCHES MISO-DRESSING

REZEPT FÜR: CA. 310 ML
ZUBEREITUNGSZEIT: WENIGER ALS 10 MINUTEN

Sie lieben Miso! Also warum nicht Miso übers Gemüse kippen? Misopaste findet ihren Weg in viele meiner Dressings, aber diese seidige, vielseitige Soße betont die reichhaltige Balance aus süß und mild, die für weiße Misopaste so typisch ist, ganz besonders.

1 In einer Schüssel alle Zutaten glatt rühren. Abdecken, kalt stellen und für den besten Geschmack innerhalb von 3 Tagen aufbrauchen.

---

130 g weiße (shiro) Misopaste
60 ml warmes Wasser
2 EL mildes Pflanzenöl (z. B. Traubenkernöl)
2 EL Ahornsirup
1 EL Apfelessig
½ TL geröstetes Sesamöl

EIN INTERMEZZO:
DIE LEICHTEN
BEILAGENSALATE

In diesem Buch geht es nicht um Beilagensalate. Hier geht es um große, satt machende Hauptspeisensalate!

Allerdings verstehe ich, dass man ab und zu einen braucht; ich will also einsichtig sein. Eine knackige grüne Beilage kann eine herzhafte Hauptspeise aufpeppen wie nichts anderes (außer vielleicht, den Nachtisch zuerst zu essen).

Die wichtigste Zutat für einen einfachen, aber erfrischenden Beilagensalat ist irgendein Gemüse – solange es superfrisch ist. Ich suche danach auf dem Wochenmarkt, aber in Queens, New York, gibt es die nur von Juni bis November. Ob Rapunzel frisch vom Feld im Frühling oder Rosenkohl und gerade gepflückte Äpfel im September – so richtig frisches Gemüse macht aus einem Salat nur mithilfe eines Spritzers Olivenöl, etwas Zitronensaft oder Essig, einer Prise schwarzen Pfeffers und einer Messerspitze hochwertigen Salzes (am liebsten Himalaya- oder Maldon-Salz) eine wahre Offenbarung.

Wenn ich etwas älteres Gemüse im Haus habe, das geschmacklich Nachhilfe benötigt, dann fällt die Wahl auf eins meiner kräftigeren Dressings aus dem vorigen Kapitel. Eine Handvoll glasierter Nüsse oder Körner macht sich auch gut.

Ich halte mich gern an die folgende „Salatgleichung", wenn ich einen schnellen Beilagensalat für zwei Personen machen will. Sie können, wenn Sie möchten, die Zutaten beim ersten Mal abmessen und danach einfach nach Augenmaß gehen. Zum Schluss alles in einer Schüssel vermischen und auftischen!

SCHLICHTER (ABER NICHT FADER) BEILAGENSALAT

REZEPT FÜR: 2 PERSONEN
ZUBEREITUNGSZEIT: WENIGER ALS 10 MINUTEN

3 Handvoll Blattsalat

1 bis 2 Handvoll mundgerecht geschnittenes Gemüse oder Obst: Kirschtomaten, grüne Bohnen, gekochte Kartoffeln oder Süßkartoffeln, Radieschen, Gurke, blanchierter Blumenkohl, Brokkoli, Äpfel, Birnen, Beeren und so weiter

1 EL Olivenöl

1 bis 2 EL frisch gepresster Zitronensaft oder fruchtiger Essig

Salz und frisch gemahlener schwarzer Pfeffer zum Abschmecken

1 Wenn Sie anstelle von Zitronensaft und Olivenöl ein cremiges Dressing verwenden, mischen Sie davon etwa 125 ml unter den Salat. Beim Servieren können Sie dann auf jede Portion noch etwas mehr träufeln.

SIDEKICK-KRAUTSALAT

REZEPT FÜR: 2 BIS 3 PERSONEN
ZUBEREITUNGSZEIT: WENIGER ALS 10 MINUTEN

Ein schlichter Krautsalat ist im Winter mein absoluter Favorit unter den Beilagengemüsen: süßer, knackiger Kohl lockert schwere Eintöpfe und Wintergerichte gekonnt auf. Wenn ich Weiß- oder Rotkohl im Kühlschrank habe und einen Frischekick brauche, mache ich diesen Krautsalat. Er ist besonders toll zu südländischen oder karibischen Gerichten.

380 g dünn geschnittener Weiß- oder Rotkohl (oder eine Mischung)

1 Möhre, gestiftelt, oder 1 roter oder grüner Apfel, entkernt und gewürfelt

2 EL frisch gepresster Zitronensaft oder Apfelessig

Salz und frisch gemahlener Pfeffer zum Abschmecken

2 EL gehackter frischer Koriander oder Dill (optional)

1 Alle Zutaten in einer Schüssel vermischen. Den Kohl eine oder zwei Minuten vorsichtig massieren, damit er zart wird. Der Krautsalat kann problemlos in einen Behälter gepackt, kalt gestellt und erst am nächsten Tag gegessen werden.

ENTSPANNTER GRÜNKOHLSALAT

REZEPT FÜR: 2 BIS 3 PERSONEN
ZUBEREITUNGSZEIT: WENIGER ALS 10 MINUTEN

Sie können nicht ohne die tägliche Portion Grünkohl? Dieser zarte Grünkohlsalat deckt Ihren Tagesbedarf des blattgrünen Wundergemüses.

450 g Grünkohl (beliebige Sorte)

1 EL Apfelessig oder Rotweinessig

2 TL Olivenöl

Prise Salz

1 Falls Sie krausen Grünkohl verwenden, entfernen Sie die Blätter von den Stielen und rupfen Sie sie anschließend in mundgerechte Stücke. Am besten halten Sie dafür den Stiel in einer Hand und reißen die Blätter mit der anderen in einer ruckartigen Bewegung ab. Wenn Sie Palmkohl (toskanischen Kohl) verwenden, stapeln Sie die Blätter, bevor Sie sie zu dichten Bündeln aufrollen. Dann in dünne Streifen schneiden.

2 Grünkohl mit den übrigen Zutaten in einer Schüssel vermischen. Eine bis zwei Minuten mit den Händen kneten, bis der Kohl weich wird und glänzt. Wenn Sie den Salat nicht sofort essen möchten, bewahren Sie ihn in einem fest verschlossenen Behälter im Kühlschrank auf. Er sollte innerhalb eines Tages verbraucht werden.

ECHT DEFTIGE SALAT-TOPPINGS

VON KNUSPRIG BIS DEFTIG, MIT DEM RICHTIGEN TOPPING WIRD AUS EINEM GUTEN SALAT EIN SCHMAUS, VON DEM SIE NOCH LANGE NACH DEM LETZTEN BISSEN TRÄUMEN

Wer denkt, Salat sei ein Synonym für Trostlosigkeit, muss diese Toppings ausprobieren! Sie verleihen jedem Salat einen ordentlichen Protein-Kick: herzhaft glasierte und geröstete Nüsse, göttlich gewürzter Tofu und Tempeh sowie deftige Linsen und gedünsteter Seitan.

Und dann gibt es ja auch noch meine glorreichen Garnierungen, die Ihnen so richtig das Wasser im Mund zusammenlaufen lassen: knusprige Knoblauchcroutons, gerösteter Hanf-„Parmesan" und rauchiger, fettig-knuspriger Kokosnuss-„Speck".

TAMARI-5-GEWÜRZE-MANDELN

REZEPT FÜR: CA. 230 G
ZUBEREITUNGSZEIT: 20 MINUTEN

200 g rohe ganze Mandeln, grob gehackt
2 EL dunkler Agavendicksaft
3 EL Tamari
2 TL chinesisches Fünf-Gewürze-Pulver
etwa ½ TL grobes Salz (z. B. Maldon)

Diese unwiderstehlichen Mandeln verführen Sie mit ihrer dunklen, mahagonifarbenen Glasur und dem Duft chinesischer Gewürze. Dieses Rezept ist ein simples Abendprojekt für unter der Woche. Die süß-scharfen glasierten Nüsse sind nicht nur ein Muss für jeden Salat, sondern auch ein fabelhafter Snack für zwischendurch!

1 Den Backofen auf 160° Celsius vorheizen. Mandeln, Agavendicksaft, Tamari und Fünf-Gewürze-Pulver in eine Auflaufform aus Metall oder Keramik (23 × 33 cm) geben und vermengen, bis die Nüsse gut bedeckt sind. Anschließend mit etwas Salz berieseln.

2 Die Mandeln 16 bis 18 Minuten rösten, bis sie von einer klebrigen Glasur bedeckt sind. Dabei gelegentlich durchmischen. Anschließend aus dem Backofen nehmen und sofort auf ein dünn gefettetes Blatt Backpapier oder Alufolie geben. Zusammenklebende Nüsse gegebenenfalls mit einer Gabel auseinanderbrechen. Vollständig abkühlen lassen. Die Mandeln in einem fest verschlossenen Behälter aufbewahren und innerhalb von 2 Wochen aufbrauchen.

ROHKOSTVARIANTE

Die Nüsse mit der Glasur bedecken und mit etwas Salz berieseln. Dann in einer Lage auf einer soliden Dörreinlage ausbreiten. Nach Herstelleranweisung mindestens 8 Stunden trocknen lassen.

Rauchige Sriracha-Pekannüsse

150 g rohe halbe Pekannüsse

2 EL Ahornsirup oder Agavendicksaft

1 gehäufter EL Sriracha

½ TL flüssiges Raucharoma

½ TL grobes Salz (z. B. Maldon)

 REZEPT FÜR: CA. 150 G
ZUBEREITUNGSZEIT: 30 MINUTEN

Pekannüsse in einer Ahornglasur mit einem Hauch pikanter Sriracha und flüssigem Rauch verleihen jedem Salat einen verführerischen Biss. Sie sind aber auch unverzichtbar für meine Knackige Kohl-&-Süßkartoffel-Bowl (Seite 125).

1 Den Backofen auf 160° Celsius vorheizen. Pekannüsse, Ahornsirup, Sriracha und flüssiges Raucharoma in eine Auflaufform aus Metall oder Keramik (23 × 33 cm) geben und vermengen, bis die Nüsse gut bedeckt sind. Anschließend mit etwas Salz berieseln.

2 Die Nüsse 16 bis 18 Minuten rösten, bis sie von einer klebrigen Glasur bedeckt sind. Dabei gelegentlich durchmischen. Die Pekannüsse aus dem Backofen nehmen und sofort auf ein dünn gefettetes Blatt Backpapier oder Alufolie geben. Zusammenklebende Nüsse gegebenenfalls mit einer Gabel auseinanderbrechen. Vollständig abkühlen lassen. Die Pekannüsse in einem fest verschlossenen Behälter aufbewahren und innerhalb von 2 Wochen aufbrauchen.

Rohkostvariante

Die Nüsse mit der Glasur bedecken und in einer Lage auf einer soliden Dörreinlage ausbreiten. Nach Herstelleranweisung mindestens 8 Stunden trocknen lassen.

GERÖSTETER HANF-PARMESAN

 REZEPT FÜR: CA. 100 G
ZUBEREITUNGSZEIT: 55 MINUTEN

Diese langsam gerösteten Hanfsamen mit Zitronensaft und Miso sind ein herbes, befriedigend vollmundiges Topping für die Caesar-Salate in diesem Buch – oder zum Streuen auf Avocado-Scheiben, saftige Tomaten und Pizza!

85 g rohe geschälte Hanfsamen
3 EL frisch gepresster Zitronensaft
1 EL Wasser
2 TL weiße (shiro) Misopaste
1 TL getrockneter Oregano
¼ TL Salz

1 Den Backofen auf 160° Celsius vorheizen. Die Hanfsamen in eine flache Backform aus Metall oder Keramik geben.

2 Die übrigen Zutaten verrühren, über die Hanfsamen gießen und alles gut vermengen. Die Mischung sollte jetzt einer körnigen Paste ähneln. Die Masse dünn auf dem Boden der Form verstreichen und 15 Minuten rösten. Aus dem Backofen nehmen, mit einer Gabel auflockern und gegebenenfalls Klümpchen aufbrechen. Anschließend die Form wieder in den Ofen stellen und weitere 5 bis 10 Minuten rösten.

3 Während die Samen im Backofen sind, hin und wieder mit der Gabel auflockern. Wenn sie die Marinade aufgenommen haben und nicht mehr feucht aussehen, noch ein paar Minuten länger im Ofen lassen. Dabei mit der Gabel etwas aufschütteln, bis die Samen trocken, bröckelig und goldgelb sind. Aus dem Backofen nehmen und abkühlen lassen. Dabei hin und wieder auflockern. In einem fest verschlossenen Behälter im Kühlschrank aufbewahren und innerhalb von 2 Wochen aufbrauchen.

ROHKOSTVARIANTE

Die Hanfsamen mit der Marinade bedecken und mit etwas Salz berieseln. Dann in einer Lage auf einer soliden Dörreinlage ausbreiten. Nach Herstelleranweisung mindestens 8 Stunden trocknen lassen.

CASHEW-KÜRBISKERN-KNUSPERSTREUSEL

200 g ungeröstete Cashewkerne

70 g Kürbiskerne

2 EL Ahornsirup

1 EL frisch gepresster Limettensaft

2 TL Currypulver

½ TL Salz

 REZEPT FÜR: CA. 300 G
ZUBEREITUNGSZEIT: 30 MINUTEN

Curry-Cashews und knusprige Kürbiskerne mit einem Hauch Ahornsirup und Limettensaft – unwiderstehlich im Salat oder direkt aus der Schüssel.

1 Den Backofen auf 160° Celsius vorheizen. Cashews, Kürbiskerne, Ahornsirup, Limettensaft, Currypulver und Salz in eine Auflaufform aus Metall oder Keramik (23 × 33 cm) geben und vermengen, bis die Nüsse und Kerne gut bedeckt sind.

2 Die Mischung 16 bis 18 Minuten rösten, bis eine klebrige Glasur entsteht. Dabei gelegentlich durchmischen. Aus dem Backofen nehmen und sofort auf ein dünn gefettetes Blatt Backpapier oder Alufolie geben. Zusammenklebende Nüsse gegebenenfalls mit einer Gabel auseinanderbrechen. Vollständig abkühlen lassen. In einem fest verschlossenen Behälter aufbewahren und innerhalb von 2 Wochen aufbrauchen.

ROHKOSTVARIANTE

Die Nüsse und Kerne mit der Glasur bedecken und mit etwas Salz berieseln. Dann in einer Lage auf einer soliden Dörreinlage ausbreiten. Nach Herstelleranweisung mindestens 8 Stunden trocknen lassen.

KÄSE-KNUSPERBUCHWEIZEN

REZEPT FÜR: CA. 350 G
ZUBEREITUNGSZEIT: 30 MINUTEN
(PLUS KEIM- UND TROCKENZEIT – ETWA 2 TAGE)

Nachdem ich einen Sommer lang mit selbst gemachtem Rohkost-Müsli aus gekeimtem Buchweizen experimentiert hatte (der absolute Hit, Baby), war mir klar, dass ich davon eine herzhafte Version für Salate kreieren musste. Genießen Sie diese pikanten, käsigen Cashewkrümel zu deftigen Grünkohlsalaten oder auf einem Caesar-Salat.

1. Ca. 2 Tage vor Zubereitung des restlichen Rezepts den Buchweizen wie unten beschrieben einweichen, keimen lassen und abspülen. Anschließend in eine große Schüssel geben.

2. Die Cashews mit warmem Wasser bedecken und 30 Minuten einweichen lassen. Etwa 60 ml des Einweichwassers aufbewahren und den Rest wegschütten. Die Cashews, die Einweichflüssigkeit und die übrigen Zutaten (bis auf den Buchweizen) in einem Mixer glatt pürieren.

3. Die Cashewsoße über den Buchweizen gießen und alles gut vermengen. Dann die Masse dünn auf soliden Dörreinlagen verstreichen und 10 bis 14 Stunden im Dörrgerät trocknen, bis alles sehr trocken und knusprig ist. In einem fest verschlossenen Behälter im Kühlschrank aufbewahren und für den besten Geschmack innerhalb von 2 Wochen aufbrauchen.

4. Alternativ können Sie den Buchweizen rösten, anstatt ihn zu trocknen. Dadurch nimmt dieses Topping ein kräftiges geröstetes Buchweizenaroma an, das an Kascha erinnert und mindestens genauso lecker ist! Den mit der Cashewsoße vermengten Buchweizen auf einem leicht gefetteten Blatt Backpapier ausbreiten und bei 160° Celsius 20 bis 25 Minuten rösten, bis der Buchweizen trocken und leicht angebräunt ist. Gelegentlich auflockern und darauf achten, dass er nicht anbrennt. Vollständig abkühlen lassen und wie oben beschrieben aufbewahren.

---

175 g roher Buchweizen, eingeweicht und gekeimt (siehe unten)

80 g ungeröstete Cashewkerne

10 g Hefeflocken

2 EL frisch gepresster Zitronensaft

1 EL Olivenöl

1 Schalotte, gehackt

1 TL Zwiebelpulver

1 TL Paprikapulver (edelsüß)

¾ TL Salz

½ TL gemahlene Kurkuma

KEIMZEIT!

Buchweizen lässt sich sehr leicht keimen, aber Sie müssen im Voraus etwa 48 Stunden dafür einkalkulieren. Zum Keimen werden rohe Buchweizenkörner benötigt; Kascha ist nicht geeignet. Bei Kascha handelt es sich um bereits gerösteten tiefroten Buchweizen, der nicht mehr keimt.

Bedecken Sie die Buchweizenkörner in einer großen Schüssel mit etwa 10 cm kaltem Wasser und lassen Sie sie über Nacht einweichen. Am nächsten Morgen die Körner durch ein feines Sieb abgießen und mit frischem Wasser gut abspülen. Die Kerne im Sieb verteilen, dann das Sieb in eine Schüssel setzen und 1 bis 1 ½ Tage ruhen lassen. Zwei- bis dreimal am Tag die Körner mit kaltem Wasser abspülen.

Nach 18 bis 20 Stunden sollten Sie so langsam die ersten winzigen weißen Schwänzchen aus den Körner hervorkommen sehen. Dann noch weitere 6 bis 8 Stunden ruhen lassen, bis alle Körner gekeimt haben. Sie sind verwendbar, wenn die Schwänzchen etwa 1 cm lang sind.

CHIA-KNUSPER-CROUTONS

 REZEPT FÜR: CA. 230 G
ZUBEREITUNGSZEIT: 45 MINUTEN

225 g hochwertiges krustiges Brot vom Vortag

160 ml reines Kokosnusswasser

2 EL Chiasamen

1 EL Olivenöl

2 EL frisch gepresster Zitronensaft

2 Knoblauchzehen

1 EL trockene Kräutermischung (siehe Samurai Stylings)

½ TL Salz

Aus den klebrigen Omega-3-beladenen Chiasamen lässt sich eine dickflüssige, geschmackvolle Marinade für herbe, herzhafte hausgemachte Croutons zubereiten, die nur einen Bruchteils des Öls traditioneller Rezepte enthält. Für rustikale, körnige Croutons verwenden Sie am besten ein mildes Vollkornbrot mit Leinsamen oder anderen Samen. Sie können auch glutenfreie Croutons herstellen, indem Sie glutenfreies Brot verwenden.

1 Schneiden Sie das Brot in mundgerechte Stücke. Auf einem mit Backpapier ausgelegten Backblech ausbreiten und beiseitestellen. 8 Stunden oder über Nacht trocknen lassen. Währenddessen die übrigen Zutaten verrühren, abdecken und bis zur Verwendung kalt stellen.

2 Den Backofen auf 175° Celsius vorheizen. Die Chiasamenmischung über die Brotwürfel gießen und gut schwenken, bis alle Würfel gleichmäßig bedeckt sind. 30 bis 35 Minuten backen, bis die Würfel knusprig und goldgelb sind. Dabei gelegentlich auflockern. Auf dem Backblech vollständig auskühlen lassen, dann in einen luftdicht verschlossenen Behälter geben. Innerhalb von 1 Woche aufbrauchen.

SAMURAI STYLINGS

Sie wollen noch peppigere Croutons? Verwenden Sie dafür eine der folgenden Kräutermischungen:

ITALIENISCHE KRÄUTERMISCHUNG: gekauft oder selbst gemischt (Oregano, Rosmarin, Majoran, Basilikum)

FRANZÖSISCHE KRÄUTERMISCHUNG: gekauft oder selbst gemischt (Thymian, Basilikum, Lavendel, Rosmarin)

ZA'ATAR

CAJUN-GEWÜRZMISCHUNG: gekauft oder selbst gemischt (jeweils 1 TL Paprikapulver, Selleriesamen, Thymian und Knoblauchpulver vermischen)

OLD-BAY-WÜRZE

 **THE SPIN** — Aufgrund des hohen Flüssigkeits- und geringen Ölgehalts dieses Rezepts sind nur trockene, feste Brotwürfel geeignet. Frisches, weiches Brot wird matschig. Die besten Ergebnisse erhalten Sie, wenn Sie das Brot würfeln, auf einem Backblech ausbreiten und im warmen Backofen (150° Celsius) mindestens 30 Minuten trocknen, bevor Sie die Marinade hinzugeben.

KLASSISCHE CROUTONS

REZEPT FÜR: CA. 450 G
ZUBEREITUNGSZEIT: 45 MINUTEN

Knusper-Croutons mit kräftigem Knoblaucharoma sind vielleicht altmodisch, aber sie geben so manchem Salat Persönlichkeit. Besser können Sie ein nicht mehr ganz so frisches Brot nicht recyceln und haben dabei völlig freie Hand: Verwenden Sie herzhaftes Bauernbrot, krustiges französisches Brot, schmackhaftes Roggenbrot, reichhaltiges Vollkornbrot mit Körnern, Nüssen und getrocknetem Obst oder sogar getrocknetes Maisbrot! Aber Sie können natürlich auch Ihre glutenfreien Lieblingsbrötchen zu Croutons weiterverarbeiten.

Für ungewöhnliche rustikale Croutons können Sie das Brot einfach mit der Hand in kleine Stücke reißen, anstatt es zu würfeln. Ich verwende dafür am allerliebsten ein luftiges Ciabatta!

1. Den Backofen auf 175° Celsius vorheizen. Die Brotwürfel in eine große Schüssel geben. In einer zweiten Schüssel die übrigen Zutaten verrühren.

2. Das Dressing nach und nach auf die Würfel träufeln, gut umrühren, mehr Dressing hinzugeben, erneut rühren und so weiter, bis die Brotwürfel gleichmäßig mit dem Dressing eingedeckt sind. Die Würfel in einer Lage auf einem großen Backblech (verwenden Sie zwei, falls nötig) ausbreiten und 25 bis 30 Minuten backen, bis die Würfel völlig trocken und goldbraun sind. Dabei gelegentlich durchmischen und auflockern. Vollständig auskühlen lassen, dann in einem locker verschlossenen Behälter aufbewahren. Für den besten Geschmack innerhalb von 7 Tagen verbrauchen.

---

ca. 450 g gewürfeltes Brot vom Vortag

3 EL Olivenöl

2 EL frisch gepresster Zitronensaft

3 Knoblauchzehen, gehackt

1 EL getrocknete Kräutermischung oder beliebige getrocknete Kräuter

¼ TL Salz

SAMURAI STYLINGS

PITA-CHIPS

Pitabrot und ähnliche Fladenbrote lassen sich genauso gut zu Croutons verarbeiten! Bei Pitabrot-Taschen die zwei Hälften auseinanderziehen und in mundgerechte Stücke zerteilen. Wenn Sie Pita ohne Tasche verwenden, einfach ein paar aufstapeln und in Stücke schneiden. Dann wie im Rezept beschrieben verarbeiten.

300 g kernlose rote Trauben
125 ml Weißweinessig oder Apfelessig
3 EL Kristallzucker (bio)
2 TL Olivenöl
2 TL koscheres Salz

„EINGELEGTE" ROTE WEINTRAUBEN

REZEPT FÜR: CA. 260 G
ZUBEREITUNGSZEIT: WENIGER ALS 10 MINUTEN, PLUS ZEIT ZUM MARINIEREN

Es ist kein Geheimnis mehr: Trauben, insbesondere die süß-sauren roten Sorten, machen sich fantastisch in Salaten. Eine simple Marinade macht aus ihnen schnelle „eingelegte" Weintrauben und bringt den süß-sauren Geschmack richtig zur Geltung. Top-Secret-Bonusrezept: Die Trauben kurz vor dem Backen auf eine Pizza streuen. Sie haben ja keine Ahnung, wie lecker diese gerösteten Trauben sind!

1 Die Trauben waschen, halbieren und in einen großen Glasbehälter oder ein Einmachglas mit ca. 2 Litern Fassungsvermögen geben. Die übrigen Zutaten einfüllen.

2 Den Deckel fest auf das Glas schrauben und den Behälter eine Minute kräftig schütteln. Dann 2 Stunden oder über Nacht kalt stellen. Für den besten Geschmack innerhalb von 2 Tagen aufbrauchen.

Geröstete Trauben verleihen jedem Gericht eine leckere, mysteriöse Note. Zur Verwendung im Salat die eingelegten Trauben 6 bis 8 Minuten bei 200° Celsius auf einem mit Backpapier ausgelegten Backblech rösten. Sie sind fertig, wenn die Haut schrumpelig wird und die Trauben schön saftig aussehen. Ein paar Minuten abkühlen lassen, bevor Sie sie in den Salat mischen, da die Trauben beim Rösten sehr heiß werden!

MASSIERTE ROTE ZWIEBELN

  REZEPT FÜR: CA. 800 G
ZUBEREITUNGSZEIT: WENIGER ALS 10 MINUTEN

900 g rote Zwiebeln
60 ml frisch gepresster Limettensaft
1 TL koscheres Salz
½ TL Kristallzucker (bio)

Das Ende meiner Suche nach den perfekten „eingelegten" roten Zwiebeln: Hier werden hauchdünn geschnittene rote Zwiebeln mit einem Spritzer Limettensaft, Salz und einer Prise Zucker kräftig massiert. Auch wenn Ihnen rohe Zwiebeln normalerweise nicht ganz geheuer sind, werden Sie diese saftigen, säuerlichen, aufregend pinkfarbenen Zwiebeln im Salat vergöttern. Wenn Ihnen die Portion in diesem Rezept zu groß ist oder Sie nur Zwiebeln für ein paar Salate benötigen, können Sie die angegebenen Mengen einfach halbieren. Die Zwiebeln sind im Kühlschrank eine Woche haltbar.

1 Etwa 1 cm von der Oberseite (mit dem trockenen Stiel) jeder Zwiebel abschneiden. Schälen, dann mit einem Gemüsehobel oder Kochmesser in hauchdünne Streifen schneiden.

2 Zwiebeln, Limettensaft, Salz und Zucker in eine große Schüssel geben. Mit den Fingern etwa 3 Minuten massieren, bis die Zwiebeln zart werden und einen leuchtend pinkfarbenen Farbton annehmen. In einem fest verschlossenen Behälter aufbewahren und für den besten Geschmack innerhalb von 7 Tagen verbrauchen.

Eine Zwiebel von der Größe einer Grapefruit wiegt ungefähr 450 Gramm. Zwei große Zwiebeln sollten für dieses Rezept ideal sein. Große Zwiebeln lassen sich mit einem Gemüsehobel wunderbar schneiden – ein Gemüsehobel ist zwar nicht unbedingt notwendig, aber superpraktisch für schmale Zwiebelstreifen oder fein geraspelten Kohl!

FEURIGER TOFU

450 g fester oder sehr fester Tofu (kein Auspressen notwendig)

1 EL Kokosöl (bio)

3 EL Sriracha

1 EL frisch gepresster Zitronensaft

1 EL Agavendicksaft

FEURIGER TEMPEH

Anstelle des Tofus schneiden Sie 225 Gramm Tempeh in 1,5 cm große Würfel. Den Tempeh im Kokosöl goldgelb anbraten, dann 2 EL Wasser hinzugeben und weiterbraten, bis das Wasser vollständig aufgesogen wurde. Die Soße wie oben beschrieben zubereiten. Den Tempeh hineingeben und in der Soße schwenken.

ZUBEREITUNGSZEIT: Mit Tempeh geht es etwas schneller und dauert nur ca. 15 Minuten!

 REZEPT FÜR: 2 PERSONEN BEI VERWENDUNG ALS SALATTOPPING

ZUBEREITUNGSZEIT: 30 MINUTEN

Diese Würfel aus bissfestem, ausgepressten Tofu (oder Tempeh!) in einer Buffalo-Wings-Soße werden Ihr Leben verändern. Für einen typisch amerikanischen Touch verwenden Sie Ihre Lieblings-Chilisoße auf Essigbasis. Sie können aber auch mit Ost-West-Gegensätzen spielen, indem Sie stattdessen Sriracha nehmen.

1 Wenn Sie festen Tofu verwenden, müssen Sie ihn zunächst auspressen (siehe Tofu pressen: ein Blick hinter die Kulissen, Seite 9). Anschließend in 1,5 cm große Würfel schneiden. Das Kokosöl in einem Wok oder einer Eisenpfanne auf mittlerer Flamme schmelzen. Die Tofuwürfel hineingeben und etwa 5 Minuten anbraten, bis sie von allen Seiten goldgelb sind.

2 Chilisoße, Zitronensaft und Agavendicksaft in eine Schüssel geben und vermischen. Die noch heißen Tofuwürfel in die Schüssel geben und in der Soße schwenken. Heiß oder bei Raumtemperatur servieren.

 Für dieses Rezept bevorzuge ich raffiniertes Kokosöl, da es dieselbe buttrige Konsistenz hat wie unraffiniertes, aber eben ohne den intensiven Kokosgeschmack.

ZITRONENGRAS-TOFU

 REZEPT FÜR: 2 PERSONEN BEI VERWENDUNG ALS SALATTOPPING

ZUBEREITUNGSZEIT: 1 STUNDE 15 MINUTEN, EINSCHLIESSLICH DER ZEIT ZUM AUSPRESSEN UND RÖSTEN

Dieser pikante Zitronengras-Tofu kann warm oder kalt serviert werden und ist perfekt als herzhafter Bestandteil in asiatischen Salaten wie meinem Papaya-Salat mit Zitronengras-Tofu (Seite 43).

1. Wenn Sie festen Tofu verwenden, müssen Sie ihn zunächst auspressen (siehe Tofu pressen: ein Blick hinter die Kulissen, Seite 9). Anschließend in 6 Millimeter dünne Streifen schneiden. Den Backofen auf 200° Celsius vorheizen und eine Auflaufform aus Keramik oder Glas (23 × 33 cm) einfetten.

2. Ahornsirup, Tamari, Zitronengras, Knoblauch und Öl in die Form geben und verrühren. Die Tofuscheiben in die Marinade legen und etwa 15 Minuten beiseitestellen, während der Ofen vorheizt. Hin und wieder die Tofustreifen in der Marinade schwenken.

3. Den Tofu 20 Minuten backen. Aus dem Backofen nehmen und wenden, dann weitere 15 bis 20 Minuten backen, bis die Streifen goldgelb sind und die Marinade aufgenommen haben. Warm oder kalt servieren. Im Kühlschrank aufbewahren und für den besten Geschmack innerhalb von 2 Tagen aufbrauchen.

- 450 g fester oder sehr fester Tofu (kein Auspressen notwendig)
- 2 EL Ahornsirup
- 4 TL Tamari
- 1 gehäufter EL fein gehacktes frisches Zitronengras (alternativ Zitronengras aus dem Glas)
- 1 Knoblauchzehe, gehackt
- 2 TL Erdnussöl oder Olivenöl

GINGER-BEER-TOFU

REZEPT FÜR: 2 PERSONEN BEI VERWENDUNG ALS SALATTOPPING
ZUBEREITUNGSZEIT: 1 STUNDE 15 MINUTEN, EINSCHLIESSLICH DER ZEIT ZUM AUSPRESSEN UND RÖSTEN

In diesem Rezept wird gebackener Tofu in einer erfrischenden, kräftig nach Ingwer schmeckenden Marinade gebadet, die von der karibischen Ingwerlimonade Ginger Beer inspiriert wurde. Mit einem Extraschuss Rum machen Sie aus diesem Gericht „Dark and Stormy Tofu" in Anlehnung an den Cocktail.

1 Wenn Sie festen Tofu verwenden, müssen Sie ihn zunächst auspressen (siehe Tofu pressen: ein Blick hinter die Kulissen, Seite 9). Anschließend den Tofu in 1,5 cm dünne Streifen schneiden. Den Backofen auf 200° Celsius vorheizen und eine Auflaufform aus Keramik oder Glas (23 × 33 cm) einfetten. Darin alle Zutaten bis auf den Tofu verrühren. Die Tofustreifen in die Marinade legen und ein paarmal darin wenden.

2 30 Minuten backen, bis der Tofu goldgelb ist und die Marinade aufgenommen hat. Dabei hin und wieder vorsichtig in der Marinade schwenken. Warm oder kalt servieren. Im Kühlschrank aufbewahren und für den besten Geschmack innerhalb von 2 Tagen aufbrauchen.

3 Alternativ können Sie den Tofu auf einem Grill oder in einer Grillpfanne grillen. Schneiden Sie den Tofu in 1,5 cm dünne Scheiben anstelle von Streifen. Öl in die Pfanne geben. Die Tofuscheiben darin grillen, bis sie goldbraun sind. Dabei gelegentlich mit der Marinade beträufeln und ein-, zweimal wenden. Wie oben beschrieben aufbewahren.

---

450 g fester oder sehr fester Tofu (kein Auspressen notwendig)

60 ml Kokosnusswasser

2 EL frisch gepresster Limettensaft

2 EL Tamari

1 EL helle Melasse

1 gehäufter EL geriebener frischer Ingwer

1 EL Olivenöl

SAMURAI STYLINGS

DARK & STORMY TOFU

2 EL aromatisierten Rum unter die Marinade mischen.

Für den ultimativen Ingwerkick lassen Sie das Kokosnusswasser weg und verwenden Sie stattdessen echtes extrascharfes jamaikanisches Ginger Beer!

'70ER-TOFU

REZEPT FÜR: 2 PERSONEN BEI VERWENDUNG ALS SALATTOPPING
ZUBEREITUNGSZEIT: 1 STUNDE 15 MINUTEN, EINSCHLIESSLICH DER ZEIT FÜRS AUSPRESSEN UND RÖSTEN

450 g fester oder sehr fester Tofu (kein Auspressen notwendig)
3 EL Tamari
2 EL Apfelessig
1 EL Olivenöl
1 Knoblauchzehe, gehackt
½ TL Paprikapulver (edelsüß)

Die bescheidenen erdigen Aromen von Apfelessig und Tamari marinieren Tofu schon seit den 70ern. Jahrzehnte später ist diese simple Kombination aber immer noch stilvoll und köstlich. Dieser Tofu ist herzhaft und eiweißreich, kann in Scheiben geschnitten oder gewürfelt werden und ist der beste Freund eines jeden Salats (oder Sandwichs). Ob zu allseits beliebten Caesar-Salaten oder panasiatischen Fusionsgemischen – wenn Sie immer welchen im Kühlschrank haben, können Sie sich jederzeit spontanen herzhaften Salatkreationen hingeben!

1 Wenn Sie festen Tofu verwenden, müssen Sie ihn zunächst auspressen (siehe Tofu pressen: ein Blick hinter die Kulissen, Seite 9). Anschließend den Tofu in 1,5 cm dünne Streifen schneiden. Den Backofen auf 200° Celsius vorheizen und eine Auflaufform aus Keramik oder Glas (23 × 33 cm) einfetten. Darin alle Zutaten bis auf den Tofu verrühren. Die Tofustreifen in die Marinade legen und ein paarmal darin wenden. Etwa 20 Minuten beiseitestellen, während der Ofen vorheizt; nach 10 Minuten einmal wenden.

2 Den Tofu 30 Minuten backen. Aus dem Backofen nehmen, noch einmal wenden und weitere 5 bis 10 Minuten backen, bis er goldgelb ist und die Marinade aufgenommen hat. Warm oder kalt servieren. Im Kühlschrank aufbewahren und innerhalb einer Woche verbrauchen.

ORANGEN-AHORN-TEMPEH

REZEPT FÜR: CA. 250 G
ZUBEREITUNGSZEIT: 30 MINUTEN

225 g Tempeh
125 ml frisch gepresster oder gekaufter Orangensaft
2 EL Sojasoße
2 EL Ahornsirup
1 TL Sriracha
1 EL Erdnussöl oder Olivenöl

Genießen Sie diese bissfesten Tempeh-Häppchen noch warm auf Ihrem Lieblingsblattsalat! Sie sind aber auch ein absoluter Gaumenschmaus auf der geraspelten roten Bete im Picknicksalat für Wassernixen mit Seepferdchen-Ranch-Dressing (Seite 95) oder zu Feigen-Tempeh-Salat mit einem cremigen Koriander-Limetten-Dressing (Seite 119).

1 Den Tempeh in 1,5 cm große Würfel schneiden. Orangensaft, Sojasoße, Ahornsirup und Sriracha in einer kleinen Schüssel verrühren.

2 Das Öl in einer Eisenpfanne (ø 25 cm) auf mittlerer Flamme erhitzen. Den Tempeh hineinlegen und darauf achten, dass sich die Würfel nicht überlappen. 3 Minuten braten, dabei die Würfel gelegentlich wenden, damit alle Seiten gleichmäßig braun werden. Die Marinade über die Tempehwürfel gießen und 4 bis 6 Minuten unter ständigem Rühren köcheln lassen, bis der Tempeh die Marinade aufgenommen hat und mit einer reichhaltigen Glasur bedeckt ist. Mit einem Pfannenwender die Würfel auf einen Teller geben. Sie können die Würfel warm oder bei Zimmertemperatur auf einem Salat servieren. Im Kühlschrank aufbewahren und für den besten Geschmack innerhalb von 2 Tagen verbrauchen.

TEMPEH-SPECK-HÄPPCHEN

REZEPT FÜR: CA. 250 G
ZUBEREITUNGSZEIT: 20 MINUTEN

Tempeh-„Bacon" gehört zum Standardrepertoire aller modernen veganen Köche und Köchinnen. Die rauchig süßen Häppchen verführen jeden Spinat-Salat und sind (als Streifen zubereitet) das Herzstück meines allerliebsten Wintersalats: Tempeh-Reubenesque-Salat (Seite 145).

225 g Tempeh
2 EL Ahornsirup
2 EL Tamari
1 EL Ketchup
1 EL Pflanzenöl
¾ TL flüssiges Raucharoma
Olivenöl, zum Braten

1 Den Tempeh in 6 Millimeter dünne Streifen schneiden. Die Streifen aufstapeln und in mundgerechte Stücke von etwa 2,5 cm Länge schneiden.

2 Die übrigen Zutaten in einer Metall- oder Keramikschüssel glatt rühren. Die Tempehstückchen vorsichtig in die Schüssel geben und in der Marinade schwenken. 10 Minuten beiseitestellen oder abdecken und über Nacht kalt stellen.

3 Etwas Öl in eine Eisenpfanne geben und auf mittlerer Flamme erhitzen. Die Tempehstücke (ohne die Marinade) mit einer Gabel in einer Lage in die Pfanne geben. Gegebenenfalls mit etwas Trennspray besprühen. Von beiden Seiten 2 bis 3 Minuten braten, bis der Tempeh braun ist. Anschließend die Marinade über die Stücke gießen und köcheln lassen, bis die Marinade vollständig aufgenommen wurde. Heiß, warm oder bei Zimmertemperatur servieren. Im Kühlschrank aufbewahren und für den besten Geschmack innerhalb von 2 Tagen aufbrauchen.

Für einen gemischten Salat sind mundgroße Tempehstücke am besten geeignet. Wenn Sie den Tempeh jedoch in einem aufgeschichteten herzhaften Salat verwenden möchten, sehen größere Streifen noch besser aus!

2 EL Tomatenmark

2 EL Ahornsirup

4 TL Liquid Aminos
(z. B. Bragg oder Coconut
Liquid Aminos) oder Tamari

1 EL flüssiges Raucharoma
(am besten Hickory)

100 g große ungesüßte
Kokosnuss-Chips

KOKOSSPECK-HÄPPCHEN

  REZEPT FÜR: CA. 100 G
ZUBEREITUNGSZEIT: 30 MINUTEN

Knusprige Kokosnuss-Chips, die wie Speck schmecken? Ja, verdammt – Sie wissen genau, dass Sie da nicht Nein sagen können! Sie sind auch ruckzuck zubereitet – Sie werden verrückt nach diesen süßlich rauchigen gerösteten großen Kokosnuss-Chips sein, die nicht nur als Salattopping, sondern auch zu gedünstetem Gemüse und Pasta der Hit sind. Sogar im morgendlichen Müsli sind sie ein Genuss! Diese Häppchen können auch als Rohkost im Dörrgerät zubereitet werden.

Ein Hinweis zu Liquid Aminos: Mir persönlich gefällt die altmodische Bragg-Würze in diesem Rezept, aber Sie können stattdessen auch Coconut Aminos oder sogar Tamari verwenden. Bragg sollten Sie in jedem Naturkostladen bekommen.

1 Den Backofen auf 160° Celsius vorheizen und ein großes Backblech mit Backpapier auslegen.

2 Tomatenmark, Ahornsirup, Liquid Aminos und flüssiges Raucharoma in einer großen Schüssel glatt rühren. Die Kokosnuss-Chips hineingeben und mit einem Silikonspatel untermengen, bis die Flocken vollständig mit der Marinade bedeckt sind.

3 Die Chips in einer dünnen Lage auf dem Backpapier verteilen und 15 bis 20 Minuten rösten, bis sie trocken sind und leicht glänzen. Dabei hin und wieder durchmischen. Vollständig abkühlen lassen und in einem luftdichten Behälter an einem dunklen, kühlen Ort aufbewahren. Für den besten Geschmack innerhalb von 2 Wochen aufbrauchen.

ROHKOSTVARIANTE

Die Chips mit der Marinade bedecken, dann einer Lage auf einer soliden Dörreinlage ausbreiten. Je nach Herstelleranweisung mindestens 8 Stunden trocknen.

 Für dieses Rezept benötigen Sie große ungesüßte Kokosnuss-Chips anstelle von Kokosflocken oder -raspeln.

LINSEN FÜR SALAT

GF **REZEPT FÜR:** CA. 500 G
ZUBEREITUNGSZEIT: 50 MINUTEN

Mild gewürzte Linsen können sowohl als tolles Topping als auch als Basiszutat für Hauptspeisensalate verwendet werden. Aber Sie können (und sollten!) auch mit anderen Hülsenfrüchten experimentieren (z. B. schwarzen Bohnen oder Kichererbsen). Linsen haben den Vorteil, dass sie nicht eingeweicht werden müssen und schnell gar sind – damit sind sie eine supersimple Eiweißquelle für uns Veggies. Am besten frieren Sie die Hälfte der fertigen Portion in Plastiktüten ein, damit Sie Linsen jederzeit in jedem beliebigen Salat verwenden können.

1 Tasse (250 ml) ungekochte Linsen (verwenden Sie feste Linsensorten wie z. B. Belugalinsen, Puy-Linsen oder Tellerlinsen)
560 ml Wasser
2 Lorbeerblätter
½ TL getrockneter Thymian
½ TL Salz

1 Die ungekochten Linsen nach Schmutz und Sonstigem, das nicht in Ihre Linsen gehört, durchsuchen, dann in einem feinen Sieb abspülen und in einen großen Topf geben.

2 Wasser, Lorbeerblätter, Thymian und Salz mit in den Topf geben und auf hoher Flamme aufkochen lassen. 3 Minuten kochen, dann die Hitze reduzieren, den Deckel auf den Topf legen und 40 bis 45 Minuten kochen, bis das Wasser vollständig aufgesogen wurde und die Linsen weich sind. Vom Feuer nehmen, den Deckel abnehmen und vorsichtig mit einer Gabel durchmischen. 20 Minuten abkühlen lassen oder vor Verzehr kalt stellen. Im Kühlschrank aufbewahren und für den besten Geschmack innerhalb von 4 Tagen verbrauchen.

GEDÜNSTETE ODER GEBACKENE SEITAN-SCHNITZEL

REZEPT FÜR: 4 SEITANPORTIONEN
ZUBEREITUNGSZEIT: CA. 45 MINUTEN

2 Knoblauchzehen, gehackt, oder mit einer Microplane-Reibe gerieben

375 ml kräftige Gemüsebrühe

3 EL Sojasoße oder Liquid Aminos (z. B. Bragg)

2 EL Olivenöl

280 g Vital-Weizenglutenmehl

10 g Hefeflocken

40 g Kichererbsenmehl

½ TL gemahlener Kreuzkümmel

Seitan, dieses raffinierte „Weizenfleisch", wirft für Neulinge immer noch Fragen auf: Was ist das? Was macht man damit? Und wie spricht man das eigentlich aus? Jetzt ist endlich Schluss mit Rätseln! Wenn Sie Teig kneten können, dann können Sie auch Sehi-tan (nicht „Saitan") zubereiten – das geht leichter als Brotbacken.

Diese rustikalen Schnitzel sind die einfachste Version meines supersimplen Rezepts für gedünsteten Seitan, das ich schon seit Jahren zubereite. Alternativ können Sie sie jedoch auch backen, das macht sie fester und zäher. So oder so: Alles, was Sie für ein saftiges Stück Pflanzeneiweiß, das sich als „fleischähnliches" Salattopping wunderbar marinieren und grillen lässt, tun müssen, ist mischen, einwickeln und garen! Hinweis: Wie unten beschrieben, können Sie den Knoblauch auch mit einer superfeinen Microplane-Reibe reiben. Das sollten Sie unbedingt ausprobieren, wenn der Knoblauch gleichmäßig im Seitan verteilt werden soll (anstelle von größeren Stückchen hier und da).

1 Gemüsebrühe, Knoblauch, Sojasoße und Olivenöl in einem Messbecher oder einer Schüssel aus Glas mit mindestens 1 Liter Fassungsvermögen vermischen. Vital-Weizenglutenmehl, Hefeflocken, Kichererbsenmehl und Kreuzkümmel in einer zweiten Schüssel vermischen. Anschließend in der Mitte eine Mulde bilden und die Brühe hineingießen.

2 Mit einem Silikonspatel vermengen, bis die Brühe vollständig untergemischt ist und sich der Teig von den Schüsselrändern ablöst. Dann den Teig mit den Händen eine Minute kneten. Die Struktur des Teigs wird besonders überzeugend, wenn Sie den Teig in eine Richtung kneten und dabei mit den Handflächen falten und pressen. Den Teig 10 Minuten ruhen lassen, dann in vier gleich große Stücke schneiden.

3 Bereiten Sie vier Stücke Aluminiumfolie von 25 cm Länge vor. Jeweils ein Teigstück in die Mitte legen und mit den Fingern in eine dünne (maximal 1,5 cm dicke) ovale Form drücken. Zum Dünsten die langen Seiten der Folie über das Teigstück schlagen und mit der restlichen Folie zu einer 6 Millimeter breiten Naht

zusammenfalten. Noch einmal falten und fest zusammendrücken. Achten Sie darauf, dass Sie zwischen dem Seitan und diesem Folienzelt etwas Platz lassen. Jetzt noch die gegenüberliegenden Enden fest zusammenfalten; Sie sollten jetzt ein lockeres Folienpäckchen mit fest verschlossenen Nähten haben. Der Seitan dehnt sich beim Dünsten aus, daher muss in dem Päckchen ausreichend Platz sein! Mit den übrigen Teigstücken genauso verfahren.

4 Stellen Sie Ihren Dampfgarer auf und dünsten Sie den Seitan für 25 Minuten. Der Seitan darf dabei das Wasser nicht berühren. Die Schnitzel werden beim Garen größer und fühlen sich fest an, wenn sie fertig sind. Ansonsten weitere 5 Minuten dünsten. Den Seitan aus dem Dampfgarer nehmen. Vor Verwendung 20 Minuten in der Aluminiumfolie abkühlen lassen. Für den besten Geschmack und die beste Konsistenz den Seitan auf Zimmertemperatur abkühlen lassen, dann über Nacht kalt stellen. In einem fest verschlossenen Behälter im Kühlschrank aufbewahren und am besten innerhalb von 7 Tagen verbrauchen. Gut eingewickelt sind die Seitanschnitzel im Tiefkühlfach 2 Monate haltbar. Über Nacht im Kühlschrank auftauen lassen.

5 Alternativ können Sie den Seitan in einem auf 175° Celsius vorgeheizten Backofen 30 Minuten backen. Achten Sie darauf, dass in den Päckchen ausreichend Platz ist, denn auch beim Backen dehnen sich die Schnitzel aus. Wie oben beschrieben abkühlen lassen und aufbewahren.

THE SPIN

Diese Seitanschnitzel sind nur mäßig gewürzt, damit sie mit Marinaden und pikanten Dressings harmonieren. Sie können den Seitan jedoch auch kräftiger würzen, indem Sie 1 bis 2 TL Tomatenmark oder beliebige getrocknete Kräuter, z. B. Thymian, Oregano oder eine Kräutermischung unter die flüssigen Zutaten mischen.

In diesem Rezept spielt Kichererbsenmehl eine Rolle. Dabei handelt es sich um ein kompaktes, goldgelbes Mehl, das aus gemahlenen Kichererbsen hergestellt wird und Seitan einen kräftigen Umami-Geschmack verleiht. Sie erhalten es in Naturkostläden und überall, wo Sie Zutaten für glutenfreies Backen kaufen können.

FRÜHLING

IM FRÜHLING GIBT ES NUR WENIG AUSWAHL AN FRISCHEM GRÜNEM GEMÜSE, ABER ER IST AUCH DIE ZEIT, IN DER WIR ES AM DRINGENDSTEN BRAUCHEN.

Wenn das Ende des Winters naht, werden wir der Nudeln und Kartoffeln überdrüssig und erwarten mit Sehnsucht das knackige grüne Frühlingsgemüse mit seinen erfrischenden bitteren Aromen. In diesem Kapitel finden Sie schwungvolle Salate aus zarten, frischen Blattsalaten und leichten Kräutern auf einer deftigen Basis aus allem, was die Vorratskammer so hergibt. Mit dabei sind außerdem tropisch inspirierte ganzjährige Favoriten.

FRÜHLINGSKRÄUTERSALAT MIT ORANGEN-AHORN-TEMPEH

REZEPT FÜR: 2 BIS 3 PERSONEN
ZUBEREITUNGSZEIT: 20 MINUTEN, PLUS ZUBEREITUNGSZEIT FÜR TEMPEH UND PEKANNÜSSE

Jeder Bissen ein Frühlingsgenuss: fruchtige Erdbeeren, knusprig geröstete Pekannüsse und zarter junger Blattsalat. Dazu milde längliche Radieschen, die süßlich im Geschmack sind und nicht die bittere Schärfe der runden Sorte haben – und schon haben Sie einen ganzen Bauernmarkt in Ihrer Salatschüssel! Mit Tempeh-Nuggets mit Orangenglasur wird aus diesem Salat ruckzuck eine eiweißreiche Gaumenfreude.

1 Die Zutaten für das Dressing in einem Messbecher oder einer Schüssel aus Glas verrühren. Die Salatblätter und Kräuter in einer Salatschleuder waschen und trocknen, dann in eine große Schüssel geben. Die Erdbeeren in 6 Millimeter dünne Scheibchen schneiden und gemeinsam mit den Frühlingszwiebeln, den Radieschen und Zuckerschoten zu dem Salat geben.

2 Tempeh und Pekannüsse hinzugeben und mit dem Dressing übergießen. Den Salat mit einer Küchenzange vorsichtig durchmischen, bis alle Zutaten gleichmäßig mit Dressing bedeckt sind, und servieren!

DRESSING

1 kleine Schalotte, gehackt
2 EL Olivenöl
2 EL frisch gepresster Zitronensaft
1 EL Agavendicksaft
geriebene Schale von 1 Zitrone
½ TL Salz
frisch gemahlener schwarzer Pfeffer, zum Abschmecken

FRÜHLINGSKRÄUTERSALAT

115 g junger Rucola oder eine Mischung junger Salatblätter
1 Bund glatte Petersilie (ohne Stiele)
½ Bund frischer Dill oder Basilikumblätter, grob gehackt
280 g Erdbeeren, entstielt, gewaschen und trocken getupft
grüne Anteile von 4 Frühlingszwiebeln, sehr fein diagonal geschnitten
150 g fein geschnittene milde Radieschen
50 g Zuckerschoten, sehr fein diagonal geschnitten

SALATTOPPINGS

1 × Orangen-Ahorn-Tempeh (Seite 46)
100 g rauchige Sriracha-Pekannüsse (Seite 34) oder geröstete Pekannüsse

THE SPIN

Wenn Sie viel zu tun haben, können Sie am Vortag einiges vorbereiten: Den marinierten Tempeh kalt stellen, die Pekannüsse rösten, das Dressing zubereiten und alles separat lagern. Das Gemüse bzw. Obst für den Salat können Sie bis zu 8 Stunden im Voraus vorbereiten: Die Salatblätter, Kräuter, Erdbeeren, Frühlingszwiebeln, Radieschen und Zuckerschoten waschen und trocknen, dann in einem großen, verschlossenen Plastikbeutel lagern. Kurz vor dem Servieren den Tempeh garen und die Erdbeeren schneiden. Dann müssen Sie nur noch servieren!

TEUFLISCHER GRÜNKOHL-CAESAR-SALAT

REZEPT FÜR: 2 BIS 3 PERSONEN
ZUBEREITUNGSZEIT: 45 MINUTEN

Gönnen Sie sich diese sagenhaft scharfe Variation eines Grünkohl-Caesar-Salats mit meinem teuflisch pikant-cremigen Paprikadressing. Er verführt mit einem intensiv rauchigen Paprikaaroma und sorgt mit russischem rotem Kohl und massierten roten Zwiebeln (Seite 41) für eine dramatisch rosige Hauptmahlzeit. Klassische Croutons sind eine willkommene Beigabe, aber es geht auch gewagter mit zerbrochenen Brot-Kräckern.

1 Die Cashewkerne 30 Minuten in heißem Wasser einweichen. Dann die Cashews mitsamt dem Einweichwasser in einen Mixer geben. Die geröstete rote Paprika, Paprikapulver, Zitronensaft, Olivenöl, Knoblauch, Miso und Senf hinzugeben und glatt pürieren. Abdecken und 10 Minuten (oder über Nacht) kalt stellen.

2 Kurz vor dem Servieren den Grünkohl und die Croutons in eine große Schüssel geben und das Dressing untermischen. Auf Servierteller geben und, falls gewünscht, mit den Zwiebeln und einer Prise Paprikapulver servieren.

TEUFLISCHES CAESAR-DRESSING

80 g ungeröstete Cashewkerne

125 ml heißes Wasser

1 geröstete rote Paprika (selbst zubereitet oder gekauft), entkernt

2 TL Paprikapulver (edelsüß)

½ TL scharfes Paprikapulver oder Cayennepfeffer (nach Belieben)

2 EL frisch gepresster Zitronensaft

1 EL Olivenöl

3 Knoblauchzehen, geschält

2 TL weiße (shiro) Misopaste

1 EL Dijon-Senf

GRÜNKOHLSALAT

200 g krauser Grünkohl oder russischer roter Kohl, gewaschen und in mundgerechte Stücke zerlegt

1 × Klassische Croutons (Seite 39), mit Pumpernickel oder 170 g krossen Brot-Kräckern zubereitet (in mundgerechte Stücke brechen)

65 g massierte rote Zwiebeln (Seite 41, optional) plus etwas süßes Paprikapulver zum Garnieren

ERDBEER-SPINAT-SALAT MIT ORANGEN-MOHNSAMEN-DRESSING

REZEPT FÜR: 3 BIS 4 PERSONEN
ZUBEREITUNGSZEIT: 50 MINUTEN

Beeren finden immer irgendwie einen Weg in meine liebsten Frühlingssalate. In diesem umwerfenden Salat spielen Erdbeeren und Blaubeeren die Hauptrolle. Orangensaft verleiht meinem sonnigen Mohnsamen-Dressing einen pikanten Kick, gleichzeitig dient das Dressing aber als Marinade für den knusprig gebackenen Tofu.

1. Den Tofu auspressen (siehe Tofu pressen: ein Blick hinter die Kulissen, Seite 9). Währenddessen die Zutaten für das Dressing in einer Schüssel vermischen. Die Tofublöcke in jeweils vier Rechtecke schneiden, dann die Rechtecke wiederum in jeweils zwei Dreiecke schneiden. So haben Sie am Ende einen Haufen kleiner Tofu-Dreiecke!

2. Den Backofen auf 200° Celsius vorheizen und eine Auflaufform aus Keramik (23 × 33 cm) leicht fetten. Die Tofu-Dreiecke in die Form legen, die Hälfte des Dressings über den Tofu gießen und 10 Minuten backen. Auf dem Ofen nehmen, die Dreiecke wenden und mit Marinade (aus der Auflaufform) bestreichen. Weitere 15 bis 20 Minuten backen, oder bis der Tofu goldgelb ist. Abkühlen lassen, während Sie den Rest des Salats zubereiten.

3. Den Spinat waschen, in der Salatschleuder trocknen und in mundgerechte Stücke rupfen. Spinat, Obst, Zwiebeln, Pekannüsse und Tofu-Dreiecke in eine große Servierschüssel geben. Mit dem restlichen Dressing übergießen und gut durchmischen. Und dann rufen Sie Ihre Salat liebende Schar herbei und hauen rein!

ORANGEN-MOHNSAMEN-DRESSING UND TOFU

- 450 g fester Tofu
- 125 ml Orangensaft
- 60 ml Olivenöl oder Traubenkernöl
- 2-3 EL gehackte Schalotten
- 2 EL frisch gepresster Zitronensaft
- 2 EL Agavendicksaft oder Ahornsirup
- 1 EL Dijon-Senf
- 1 EL Mohnsamen
- ¾ TL Meersalz
- ½ TL frisch gemahlener schwarzer Pfeffer

SPINATSALAT

- 500 g frischer Spinat (oder ein anderer Blattsalat; z. B. junger gemischter Salat, Feldsalat, Eichblattsalat, Kopfsalat, Buttersalat)
- 400 g Erdbeeren, in Scheibchen
- 150 g Blaubeeren
- 1 große rote Zwiebel, in dünne Halbmonde geschnitten
- 100 g rauchige Sriracha-Pekannüsse (Seite 34)

Das Dressing und der Tofu können bis zu 4 Tage im Voraus zubereitet und im Kühlschrank aufbewahrt werden. Blattsalate können Sie gewaschen und getrocknet bis zu 1 Woche in einem Gemüsebeutel aufbewahren.

BLAUBEER-TAMARI-BOWL

REZEPT FÜR: 2 PERSONEN
ZUBEREITUNGSZEIT: 10 MINUTEN

An diese unerwartet leckere Kombination aus Blaubeeren, Gurken und Tamari-Dressing kann man sich glatt gewöhnen! Diese Bowl ist mit Spinat bereits ein fantastisches Gericht, aber noch besser wird es stattdessen mit Tatsoi (einem japanischen Salatgemüse, das zartem Pak Choi ähnelt), falls Sie welchen in die Finger bekommen.

1 Blaubeeren, Gurken, Frühlingszwiebeln und Babyspinat in eine große Salatschüssel geben. Tamari, Ahornsirup, Sesam und Sesamöl, Ingwer und Chiliflocken in einem Messbecher oder einer Schüssel aus Glas vermischen.

2 Das Dressing über den Salat gießen und alles gut durchmischen. In Servierschalen geben und, falls verwendet, mit Mandeln und Tofu garnieren.

THE SPIN Die Chilipfeffermischung Shichimi ist in Asialäden in kleinen Gläsern erhältlich.

- 300 g Blaubeeren
- 3 persische Gurken, in 1,5 cm große Würfel geschnitten
- grüne Anteile von 2 Frühlingszwiebeln, fein geschnitten
- 200 g Babyspinat oder Tatsoi in mundgerechten Stücken, gewaschen und trocken geschleudert
- 3 EL Tamari
- 1 EL Ahornsirup
- 2 TL geröstetes Sesamöl
- 1 EL gerösteter Sesam
- 1 TL geriebener frischer Ingwer
- ½ TL rote Chiliflocken oder Shichimi (japanische Chilipfeffermischung)
- 100 g Tamari-5-Gewürze-Mandeln (Seite 33)
- Ginger-Beer-Tofu (Seite 44) oder Zitronengras-Tofu (Seite 43), 2,5 cm groß gewürfelt (optional)

TRENDY TATSOI

Die Salatbasis für dieses Rezept sollte ursprünglich nicht der ganzjährig erhältliche Spinat, sondern dieses ungewöhnliche japanische Salatgemüse sein. Es sieht aus wie ein kleinerer, dünner Pak Choi mit zarten, süßlichen Blättern und verleiht diesem asiatisch angehauchten Gericht einen besonderen Touch. Tatsoi hat eine sehr kurze Saison: später Frühling bis Anfang Sommer.

FRÜHLING

GEGRILLTER PALMKOHLSALAT MIT PIKANTEN LINSEN

REZEPT FÜR: 2 PERSONEN
ZUBEREITUNGSZEIT: 30 MINUTEN, PLUS ZUBEREITUNGSZEIT FÜR DIE LINSEN

Gegrillter Palmkohl in einer Kokosnussmilch-Marinade passt wunderbar zu Linsen. Palmkohl ist einfach und superschnell gegrillt. In Sachen Aroma steht eine Grillpfanne auf dem Herd dem Grill im Freien in nichts nach. Dieser Salat ist das ganze Jahr über fantastisch, aber zu Anfang des Frühlings (oder zum Ende des Herbstes) beschert der Frost Palmkohl einen besonders süßen Geschmack.

1. Die unteren harten Teile der Palmkohlstiele entfernen. Dann die Stiele in 7 bis 8 cm lange Stücke schneiden und mit den Frühlingszwiebeln in eine Schüssel geben. Kokosnussmilch, Limettensaft und eine Prise Salz hinzugeben und durch Massieren unter den Palmkohl mischen. Eine Grillpfanne aus Eisen auf hoher Flamme erhitzen.

2. Nur den Palmkohl aus der Schüssel nehmen und in der Pfanne 30 bis 45 Sekunden grillen, bis er weicher und leicht gebräunt ist. Dabei einmal wenden. Anschließend in eine Schüssel geben und die Frühlingszwiebeln 1 bis 2 Minuten grillen. Die Frühlingszwiebeln auf ein Schneidebrett legen, kurz abkühlen lassen und in mundgerechte Stücke schneiden.

3. Essig und Sriracha in der Schüssel mit dem Rest des Kokos-Limetten-Dressings verrühren. Linsen, Zwiebel, Tomaten und Mandeln hinzugeben und gut unter das Dressing mischen. Die Linsenmischung auf Servierteller portionieren, mit Palmkohl und Frühlingszwiebeln garnieren und mit Limettenspalten servieren.

---

450 g Palmkohl (auch Schwarzkohl oder toskanischer Kohl)

1 Bund (ca. 6) Frühlingszwiebeln, ohne Wurzeln

250 ml Kokosnussmilch (vollfett oder fettreduziert)

2 EL frisch gepresster Limettensaft

1 Prise Salz

1 EL Rotweinessig

2 EL Sriracha

250 g Linsen für Salat (Seite 49) oder vorgekochte Linsen aus der Dose, abgetropft und abgespült

1 rote Zwiebel, gewürfelt

350 g Kirsch- oder Traubentomaten, halbiert

2-3 EL geröstete Mandelsplitter

Limettenspalten, zum Garnieren

THE SPIN

Die Kokos-Limetten-Marinade fungiert hier gleichzeitig auch als Dressing. Wenn Sie jedoch zum Schluss noch etwas „Besonderes" über den Salat träufeln möchten, versuchen Sie's doch mit Sriracha-Chia-Dressing (Seite 20).

SPARGEL-PAD-THAI-SALAT

REZEPT FÜR: 2 PERSONEN
ZUBEREITUNGSZEIT: 45 MINUTEN

Weg mit dem Wok und herbei mit dem Gemüseschäler für diese Fusion aus kulinarischer Rohkostmethodik (machen Sie „Nudeln" aus Spargel oder Zucchini!), gekochten Reisnudeln und einem Dressing aus karamellisierten Schalotten. Dieses Rezept ist eine leichtere, aber gemüseschwere Variation des beliebten thailändischen Nudelgerichts.

1 Die Reisnudeln nach Packungsanweisung al dente (1 bis 2 Minuten kürzer) kochen. Das Kochwasser abgießen, die Nudeln mit kaltem Wasser abschrecken und bis zur Verwendung mit kaltem Wasser bedecken.

2 Den Spargel waschen und die harten Anteile entfernen. Die Spitzen abschneiden und beiseitestellen. Den Spargel mit einem Gemüseschäler in lange Bänder schneiden. Die Spargelbänder mit Mungobohnensprossen, Basilikum, Koriander und Frühlingszwiebeln in eine Schüssel geben.

3 Schalotten, Knoblauch, Ingwer und Öl in einer Pfanne 3 Minuten bei mittlerer Hitze anbraten, bis die Schalotten goldbraun sind. Die Spargelspitzen hinzugeben und 1 Minute mitdünsten, dann die Pfanne vom Feuer nehmen und 2 Minuten abkühlen lassen. Anschließend in die Schüssel mit den Spargelbändern geben. Die Reisnudeln abgießen und ebenfalls hinzugeben.

4 Limettensaft, Zucker, Tamarindenpaste und Sojasoße verrühren und über den Salat gießen. Alles gut durchmischen, dann in Servierschüsseln mit Zitronengras-Tofu anrichten und mit Erdnüssen garnieren. Zum Nachwürzen Limettenspalten, Sriracha, etwas Kokosnusszucker und Sojasoße anbieten und zuschlagen!

THE SPIN

Vorausplanen wie ein Samurai: Sie können den Zitronengras-Tofu am Vortag zubereiten und kurz vor dem Servieren wieder erhitzen.

PAD-THAI-SALAT

120 g Pad-Thai-Reisnudeln

225 g Spargel

130 g Mungobohnensprossen, gewaschen und getrocknet

1 kleines Bund frisches Basilikum oder Thai-Basilikum, aufgerollt und in dünne Streifen geschnitten

1 kleines Bund frischer Koriander, grob gehackt

grüne Anteile von 2 Frühlingszwiebeln, fein geschnitten

1 × Zitronengras-Tofu (Seite 43)

65 g geröstete Erdnüsse, grob gehackt

Limettenspalten und Sriracha, zum Servieren

GERÖSTETES SCHALOTTEN-DRESSING

2-3 EL gehackte Schalotten

2 Knoblauchzehen, gehackt

1 EL gehackter frischer Ingwer

1 EL Pflanzenöl

60 ml frisch gepresster Limettensaft

2 EL Kokosblütenzucker oder brauner Zucker (bio), plus etwas mehr zum Servieren

1 EL Tamarindenkonzentrat

1 EL Sojasoße, plus etwas mehr zum Servieren

SAMURAI STYLINGS

ZUCCHINI-NUDEL-PAD-THAI

Für ein noch leichteres Gericht verwenden Sie anstelle der Reisnudeln Zucchini- oder Straightneck-Zucchini-Nudeln. Dafür benötigen Sie etwa 250 g Zucchini. Mit Ihrem Gemüseschäler können Sie die Zucchini ganz leicht in lange, dünne Streifen schneiden, die den Spargel-„Nudeln" in diesem Rezept ähneln. Dann mit dem Rezept wie beschrieben fortfahren.

FRÜHLING

THAILÄNDISCHES SEITAN-LARB IN SALATSCHÄLCHEN

REZEPT FÜR: 3 BIS 4 PERSONEN
ZUBEREITUNGSZEIT: 45 MINUTEN

Diese Seitan-Variante eines traditionellen thailändischen Gerichts überzeugt mit ihrem wunderbaren Kontrast aus heiß und kalt, scharf und knackig und ist nicht nur hübsch anzusehen, sondern auch eine echte Köstlichkeit. Traditionell werden dabei große essbare Blätter (z. B. Salat) mit scharfem Hackfleisch und Gemüse gefüllt. Das geht auch vegan und – mit meiner noch schneller zubereiteten, herzhaften Version mit Linsen – sogar glutenfrei!

1 Schalotten, Zitronengras, Limetten, Chilis, Knoblauch, Ingwer, Sojasoße und Salz in eine Küchenmaschine geben und pulsierend zu einer groben Masse verarbeiten. Die einzelnen Komponenten sollten noch erkennbar sein. Öl in einer großen Pfanne auf mittlerer Flamme erhitzen und die Masse hineingeben. 3 bis 4 Minuten anbraten, bis die Schalotten glasig sind. Währenddessen den Seitan in der Küchenmaschine klein hacken. Anschließend den Seitan mit in die Pfanne geben und weitere 4 Minuten braten (oder bis der Seitan durch und durch heiß ist). Falls der Seitan an der Pfanne zu haften beginnt, ein paar Esslöffel Wasser oder Gemüsebrühe in die Pfanne geben.

2 Jetzt das Dressing zubereiten: Alle Zutaten für das Dressing in einer kleinen Schüssel verrühren. Bis zum Servieren beiseitestellen.

3 Auftischen! Das heiße Seitan-Larb in die Salatblätter füllen und auf einem Servierteller anrichten. Wenn Sie es lieber etwas entspannter hätten, können Sie das Larb auch auf den Blättern in Schüsseln anrichten Das Dressing darüber träufeln, mit Koriander und Cashew-Knusperstreuseln garnieren und sofort genießen. Wenn Sie Dressing übrig haben, reichen Sie es am Tisch herum.

THE SPIN — Sie bekommen frische oder gefrorene Kaffirlimettenblätter dort, wo Sie südostasiatisches Gemüse kaufen können. Alternativ können Sie 1 TL geriebene Limettenschale verwenden. Für die Verwendung von frischem Zitronengras werfen Sie einen Blick auf den Eintrag zu Zitronengras im Zutaten-Plausch (Seite 14). Sie können gewöhnliche Sojasoße oder Tamari verwenden, aber milde thailändische Sojasoße verleiht diesem Gericht ein reichhaltiges, nuanciertes Aroma. In thailändischen Supermärkten sollten Sie thailändische Sojasoße und feurige kleine Thai-Chilis bekommen.

SEITAN-LARB

60 g grob gehackte Schalotten

2 EL dünn geschnittenes Zitronengras

3 Kaffirlimetten-Blätter, dünn geschnitten, oder 1 TL locker geriebene Limettenschale

1 bis 3 kleine rote Thai-Chilis, entkernt und gehackt

2 Knoblauchzehen, gehackt

1 EL gehackter frischer Ingwer

2 TL Thai-Sojasoße (light) oder gewöhnliche Sojasoße

½ TL Salz

3 EL Erdnussöl oder mildes Pflanzenöl

2 gedünstete Seitan-Schnitzel (Seite 50), grob gewürfelt

10 oder mehr große knackige Kopfsalatblätter, Blätter von Römersalatherzen oder 180 bis 250 g gemischter Frühlingssalat

CHILI-LIMETTEN-DRESSING

125 ml frisch gepresster Limettensaft

2 EL Thai-Sojasoße (light) oder gewöhnliche Sojasoße

2 runde EL Kokosblütenzucker oder brauner Zucker (bio)

2 TL Sriracha

GARNIERUNG

1 kleines Bund Korianderzweige

55 g Cashew-Kürbiskern-Knusperstreusel (Seite 36) oder geröstete gehackte Erdnüsse

SAMURAI STYLINGS

LINSEN-LARB

Anstelle des Seitans 350 g Linsen für Salat (Seite 49) oder gekochte Linsen aus der Dose verwenden. Am besten feste Beluga- oder Puy-Linsen.

BANH-MI-SALATRÖLLCHEN MIT LINSEN-PÂTÉ

REZEPT FÜR: 10 ODER MEHR RÖLLCHEN
ZUBEREITUNGSZEIT: 1 STUNDE

Vietnamesische Banh-Mi-Sandwiches waren die Inspiration für diese pikanten Salatröllchen, denen ich mit einem Klecks hausgemachter Linsenpâté französisches Flair verleihe. Sie lassen keine der traditionellen Zutaten eines Banh-Mi-Sandwiches vermissen – Koriander, Daikon (oder wie im Bild, Wassermelonen-Rettich), Möhren und eine cremige Pâté – aber zusätzlich gibt es noch eine knackige Überraschung: Cornichons!

1 Zunächst die Pâté zubereiten: Schalotten in Öl goldgelb anbraten. Knoblauch und Ingwer hinzugeben und 1 Minute mitbraten. Den Sherry einrühren, 30 Sekunden köcheln lassen, dann Thymian, Senf und Muskat hinzugeben. Vom Herd nehmen und 5 Minuten abkühlen lassen.

2 Die gerösteten Walnüsse in der Küchenmaschine zu einem sehr feinen Pulver verarbeiten. Die Linsen und gebratenen Schalotten hinzugeben und pürieren, sodass eine zähe Paste entsteht. Dabei gelegentlich die Masse von den Rändern nach unten streichen. Essig, Salz und schwarzen Pfeffer hinzugeben und erneut pürieren. Gegebenenfalls mit etwas mehr Essig oder Salz abschmecken. Die Linsenpaste in eine Schüssel füllen, mit Frischhaltefolie abdecken und mindestens 1 Stunde oder über Nacht kalt stellen.

3 Kurz vor Zubereitung der Röllchen das Salatgemüse vorbereiten. Dann die Zutaten für die Soße verrühren und in kleine Dipschälchen geben. Eine große, flache Schüssel für das Einweichen des Reispapiers bis zu einer Höhe von etwa 2,5 cm mit warmem Wasser füllen.

4 Ready to roll? Tauchen Sie ein Blatt Reispapier für etwa 15 Sekunden in das Wasser, bis es weich und flexibel ist. Nicht zu lange einweichen, da das Papier sonst einreißen kann. Vorsichtig überschüssiges Wasser abschütteln und das Reispapier auf ein Schneidebrett legen.

(Fortsetzung)

SCHWARZE-LINSEN-PÂTÉ

2-3 EL gehackte Schalotten
1 EL Erdnussöl oder Kokosöl
1 EL gehackter Knoblauch
1 TL gehackter frischer Ingwer
3 EL Sherry
1 TL getrockneter Thymian
1 TL Dijon-Senf
½ TL gemahlene Muskatnuss
125 g geröstete gehackte Walnüsse
1 Dose (425 g) vorgekochte Beluga-Linsen, abgetropft und abgespült
½ TL Balsamicoessig oder chinesischer schwarzer Reisessig
¼ TL Meersalz (oder nach Belieben)
etwas frisch gemahlener schwarzer Pfeffer

SALATRÖLLCHEN

130 g fein geschnittener Römersalat
130 g Gurke, gestiftelt
70 g Möhre, gestiftelt
60 g Rettich oder Daikon, gestiftelt
1 Bund Korianderzweige (am besten zarte Stiele mit Blättern)
10 Frühlingszwiebeln (nur grüne Anteile)
10 oder mehr eingelegte Cornichons
10 oder mehr Teigblätter aus Reispapier (20 cm)

SOSSE ZUM DIPPEN

3 EL Sojasoße
1 EL Reisessig
1 EL fein gehackter frischer Schnittlauch
½ TL Dijon-Senf

5 Auf das untere Drittel des Teigblattes ein paar Esslöffel des gehackten Salats, eine kleine Menge gestiftelte Gurken, Möhren und Rettich, einen Korianderzweig und eine Frühlingszwiebel geben. Etwa 2 Esslöffel Pâté länglich formen und auf den Salat drücken. Dann ein Cornichon vorsichtig in die Pâté drücken. Die Seiten des Teigpapiers behutsam über die Füllung falten, dann das Reispapier wie einen Burrito von unten nach oben aufrollen. Mit der Soße zum Dippen servieren!

6 Die Röllchen sollten am besten innerhalb von 30 Minuten nach Zubereitung verzehrt werden. Sie können sie jedoch auch in einen luftdichten Behälter packen, kalt stellen und ein paar Stunden später essen.

THE SPIN

Runde Reispapierblätter, die auch als Salatrollenblätter oder Reispapier-Frühlingsrollenblätter erhältlich sind, gibt es in vielen asiatischen Läden sowie Delikatessen- und Naturkostläden in verschiedenen Größen. Für dieses Rezept benötigen Sie große Teigblätter (mindestens 20 cm in der Breite und bis zu 25 cm lang). Schwarzer Reisessig ist in den meisten Asialäden erhältlich, aber Sie können stattdessen auch kostengünstigen Balsamicoessig verwenden.

GEBRATENE KNOBLAUCH-KICHER-ERBSEN MIT SPINAT & GETREIDE

REZEPT FÜR: 2 BIS 3 PERSONEN
ZUBEREITUNGSZEIT: 30 MINUTEN

Meine liebsten spanischen Aromen – Kapern, Oliven, Rosinen und Sherry-Essig – kombiniert in einem Salat mit bissfestem Getreide, Spinat und mit Knoblauch scharf angebratenen Kichererbsen. Ein tolles Gericht für den Übergang von kühlen Frühlingstagen zu wärmeren Temperaturen. Für ein butterzartes Extra können Sie auch eine reife Avocado untermischen, falls Sie zufällig eine herumliegen haben!

1 Getreide, Spinat, Rosinen, Pinienkerne und Oliven in eine große Salatschüssel geben. In einer separaten kleinen Schüssel das Dressing anrühren.

2 Olivenöl in einer großen Pfanne auf mittlerer Flamme erhitzen. Knoblauch hineingeben und 30 Sekunden anbraten. Die Hitze erhöhen, dann die Kichererbsen und Kapern zugeben. 3 bis 4 Minuten braten, bis die Kichererbsen braun und an der Oberfläche leicht angeröstet sind. Vom Herd nehmen und Zitronensaft, Salz und Pfeffer untermischen.

3 Die heißen Kichererbsen zu den restlichen Zutaten in die Salatschüssel geben. Das Dressing dazu gießen und mit einer Küchenzange alles vorsichtig durchmischen, bis das Dressing gleichmäßig verteilt ist. Sofort servieren.

THE SPIN Gekochtes Getreide kann es locker mit den durchsetzungsstarken Aromen dieses Salates aufnehmen. Als glutenfreie Alternative können Sie ganze Haferkerne oder Quinoa verwenden.

GETREIDE ZUBEREITEN

Getreide abspülen und mit 1 ¼ Litern Wasser und einer Prise Salz in einen Topf geben. Aufkochen, 5 Minuten kochen lassen, dann die Hitze reduzieren und 20 Minuten köcheln lassen, bis das Getreide gar ist. Das Wasser abgießen und das Getreide abkühlen lassen, während Sie die übrigen Salatzutaten vorbereiten. Alternativ können Sie es auch am Abend vorher kochen und bis zur Verwendung im Kühlschrank aufbewahren.

SALAT

1 Tasse (250 ml) Getreide (Emmer-, Dinkel- oder Einkorn-Getreide), nach Packungsanweisung gekocht, lauwarm oder auf Zimmertemperatur abgekühlt

140 g Babyspinat

75 g dunkle Rosinen

50 g geröstete Pinienkerne oder Mandelsplitter

2-3 EL entsteinte halbierte Kalamata-Oliven

DRESSING

3 EL Olivenöl

2-3 EL gehackte Schalotten

2 EL Sherry-Essig

1 EL Ahornsirup

1 TL Dijon-Senf

1 TL getrockneter Thymian

½ TL geräuchertes Paprikapulver (edelsüß)

½ TL Salz

KNOBLAUCH-KICHERERBSEN

1 EL Olivenöl

4 Knoblauchzehen, gehackt

1 Dose (400 g) Kichererbsen, abgetropft und abgespült

2 EL Kapern

1 EL frisch gepresster Zitronensaft

¼ TL Salz

etwas frisch gemahlener schwarzer Pfeffer

FRÜHLING

COUSCOUS MIT ZUCKERSCHOTEN & ZA'ATAR-DRESSING

REZEPT FÜR: 3 BIS 4 PERSONEN
ZUBEREITUNGSZEIT: 30 MINUTEN

Za'atar-Gewürz müssen Sie nur einmal probieren, um ihm zu erliegen. Es handelt sich dabei um eine einzigartige nahöstliche Gewürzmischung aus säuerlichem Sumach, Thymian und Sesam. Dieser Couscous-Salat vereint die verschiedensten Texturen und Konsistenzen – knackig, knusprig und weich – und ist einfach perfekt für dieses helle, peppige Dressing. Kaufen (oder machen!) Sie genug Za'atar, damit Sie anschließend noch welches übrig haben, um es auf Pizza oder geröstetes Pitabrot mit Olivenöl rieseln zu lassen.

1 Den Couscous in einem Topf nach Packungsanleitung kochen. Die getrockneten Feigen hinzugeben und den Topf teilweise abdecken, sodass der Dampf des abkühlenden Couscous das Trockenobst aufweichen kann. Zum Abkühlen beiseitestellen, während Sie den Rest zubereiten.

2 Radieschen, Zuckerschoten, Kichererbsen, Petersilie, Koriander, Oliven und Mandeln in eine Schüssel geben. Die Dressingzutaten in einer kleinen Schüssel verrühren.

3 Den Couscous zum Gemüse geben und das Dressing darüber gießen. Alles gut durchmischen. Den Salat auf Servierteller portionieren und etwas Za'atar-Mischung darüberstreuen. Guten Appetit!

COUSCOUS-SALAT

200 g ungekochter Couscous

4 große getrocknete Feigen, in mundgerechte Würfel geschnitten

150 g fein geschnittene Radieschen

225 g Zuckerschoten, diagonal geschnitten

1 Dose Kichererbsen, abgetropft, abgespült und grob gehackt

1 Bund grob gehackte glatte Petersilie

½ Bund grob gehackter frischer Koriander

70 g entkernte und gehackte Kalamata-Oliven

30 g geröstete Mandelsplitter

ZA'ATAR-DRESSING

50 ml frisch gepresster Zitronensaft

2 EL gehackte Schalotten

2 EL Olivenöl

2 EL Za'atar, plus etwas mehr zum Garnieren

½ TL Salz

Za'atar erhalten Sie in Geschäften, die nahöstliche Produkte und Lebensmittel verkaufen. Sie können es aber auch im Internet kaufen oder selbst zubereiten (siehe Kasten)!

NULL-STRESS-ZA'ATAR

Es gibt unzählige Rezepte für Za'atar-Gewürzmischungen. Dieses Rezept ist zwar simpel, aber es enthält sämtliche unabdingbare Grundzutaten. Das säuerliche, burgunderrote Sumach-Pulver lässt sich durch nichts ersetzen, für authentisches Za'atar müssen Sie also unbedingt welches haben! Schauen Sie sich in nahöstlichen Geschäften um.

Die folgenden Zutaten in einer Gewürzmühle oder im Mörser fein mahlen: 1 gehäufter EL Sumach-Pulver, 1 EL gerösteter weißer Sesam, 1 gehäufter EL getrockneter Thymian, 2 TL getrockneter Oregano oder Majoran, eine großzügige Prise Salz.

Am Ende haben Sie 4 bis 5 Esslöffel; etwas mehr, als Sie für dieses Rezept benötigen. Was übrig ist, können Sie über frisch gebackenes, mit Olivenöl beträufeltes Brot oder Hummus streuen. In einem luftdicht verschlossenen Behälter aufbewahren und innerhalb von 1 Monat verbrauchen.

SOMMER

Sommer & Salat sind wie Regen und Sonnenschein, Erdnussbutter und Schokolade oder Dungeons und Dragons. Warum sollten sie dann nicht das **BESTE** und **LECKERSTE** sein, das man den ganzen Sommer über essen möchte?!

Diese Rezepte vereinen das Beste aus gekochten und ungekochten Zutaten und warten mit kunstvollen, fantastischen Dressings und kreativen Toppings auf. Lassen Sie Hundstage Salattage sein – diesen und jeden zukünftigen Sommer!

KICHERERBSEN-CHICORÉE-SCHIFFCHEN

 REZEPT FÜR: 2 PERSONEN (ODER MEHR, FALLS ALS VORSPEISE VERWENDET)
ZUBEREITUNGSZEIT: 30 MINUTEN

Das total „geheime" vegane Kichererbsen-Sandwich der New Yorker Sandwich-Kette „Wichcraft" hat mich zu diesen zarten Chicorée-Schiffchen mit einer Füllung aus cremigem gehacktem Kichererbsen-Salat inspiriert. Die Aromen von eingelegten Zitronen, saftigem geröstetem Paprika und Oliven, die in diesem Gericht verschmelzen, sind buchstäblich umwerfend! Oder lassen Sie den Chicorée doch einfach weg und genießen Sie die Kichererbsenfüllung auf knusprigen Kräckern zum Mittagessen oder den ganzen Tag über als eiweißreichen Snack.

1 Die Kichererbsen in einer Schüssel mit einem Kartoffelstampfer oder Holzlöffel zerstampfen, bis eine größtenteils cremige Masse entstanden ist. Paprika, Oliven, Zwiebel, eingelegte Zitrone, Koriander, Knoblauch, Olivenöl, Zitronensaft, Oregano, Thymian, Cayennepfeffer, Salz und etwas frisch gemahlenen Pfeffer hinzugeben. Alles gut vermengen, abdecken und 10 Minuten kalt stellen.

2 Kurz vor dem Servieren den Chicorée zubereiten. Die Wurzelenden entfernen, dann mit den Fingern vorsichtig die einzelnen Blätter ablösen. Sie benötigen Blätter, die am unteren Ende mindestens 2,5 cm breit sind (Blätter, die zum Füllen zu klein sind, können Sie einfach so knabbern!). Einen großzügigen Esslöffel der Kichererbsenmischung in jedes Blatt füllen. (Aleppo-)Pfeffer darüberstreuen und servieren!

- 1 Dose (400 g) Kichererbsen, abgetropft und abgespült (alternativ selbst gekochte Kichererbsen)
- 1 gerösteter roter Paprika, entkernt und fein gewürfelt
- 2-3 EL Kalamata-Oliven, entkernt und grob gehackt
- 1 kleine rote Zwiebel, fein gewürfelt
- ½ eingelegte Zitrone, entkernt, aber komplett
- ½ Handvoll frischer Koriander, gehackt
- 1 Knoblauchzehe, gehackt
- 1 EL gutes Olivenöl nativ extra
- 1 EL frisch gepresster Zitronensaft
- ½ TL getrockneter Oregano
- ½ TL getrockneter Thymian
- Prise Cayennepfeffer
- Salz und frisch gemahlener schwarzer Pfeffer zum Abschmecken
- 8 bis 10 Chicorée, jeweils circa 12 cm lang
- (Aleppo-)Pfeffer, zum Garnieren

FAST ÜBER NACHT EINGELEGTE ZITRONEN

Hausgemachte eingelegte Zitronen im Schnellverfahren! Diese salzig-sauren Zitronen setzen jedes Gericht unter Strom. Dafür vier biologisch angebaute, gut abgeschrubbte Zitronen vierteln, aber am unteren Ende nicht ganz durchschneiden, sodass die Zitronenspalten nicht auseinanderfallen. Verwenden Sie etwa 4 EL koscheres Salz pro Zitrone und versuchen Sie so viel wie möglich in die Mitte der Zitrone zu füllen. Die Zitronen mit dem Salz in einen wiederverschließbaren Plastikbeutel mit 4 oder 5 Litern Fassungsvermögen geben (die Zitronen sollten jetzt praktisch im Salz schwimmen!). Die Luft aus dem Beutel pressen, verschließen und über Nacht einfrieren. Eine Stunde vor Verwendung eine Zitrone aus dem Beutel nehmen und bei Zimmertemperatur auftauen lassen. Die Zitronenspalten auseinanderziehen, die Kerne entfernen und fein hacken.

DIE BGT-BOWL
(BACON, GRÜNKOHL & TOMATEN)

REZEPT FÜR: 2 PERSONEN
ZUBEREITUNGSZEIT: 30 MINUTEN

Hier ist er – DER Salat, dem Sie sich immer und immer wieder hingeben werden. Er ist jedermanns liebste Salatmahlzeit, egal ob Veganer, Allesesser oder irgendwo dazwischen: eine große Schüssel mit Tempeh-Speck, Grünkohl, Avocado und Tomaten in einer herben Vinaigrette. Das ist leichtes und gesundes Fast Food direkt aus Ihrer Küche! Dieser Salat ist zu jeder Jahreszeit ein Knüller, aber zur Tomaten-Hochsaison hat er besonders hohes Suchtpotenzial. Schneller geht dieses Rezept mit gekauftem Tempeh-Bacon. Sie können zum Schluss auch noch Kokosspeck-Häppchen (Seite 48) auf den Salat streuen und ein richtiges Speck-Fest draus machen!

1. Den Tempeh-Speck nach Anweisung zubereiten und bis zur Verwendung warmhalten. Falls Sie gekauften Tempeh-Bacon verwenden, braten Sie ihn nach Packungsanweisung, bis er beidseitig schön braun ist. Sie können den Tempeh-Bacon auch am Abend zuvor vorbereiten und kurz vor dem Servieren wieder aufwärmen.

2. Die Grünkohlblätter von den Stängeln abziehen und in mundgerechte Stücke rupfen oder schneiden. Den Grünkohl waschen und trocken schleudern, dann in eine große Schüssel geben. Alle Zutaten für das Dressing in einer kleinen Schüssel verrühren. Die Hälfte des Dressings zum Grünkohl geben und den Grünkohl eine Minute massieren.

3. Den Tempeh-Speck, rote Zwiebel, Tomaten, Avocado und den Rest des Dressings hinzugeben. Mit einer Küchenzange den Salat durchmischen, bis alles gleichmäßig mit Dressing begedeckt ist. Sofort mit Kokosspeck-Häppchen (falls gewünscht) servieren!

SOMMER

SALAT

1 × Tempeh-Speck-Häppchen (Seite 47) oder 250 g gekaufter Tempeh-Bacon

450 g krauser Grünkohl

1 rote Zwiebel, in Halbmonde geschnitten

350 g rote Kirschtomaten, halbiert

1 reife Avocado, gewürfelt

Kokosspeck-Häppchen (Seite 48, optional)

DRESSING

2 EL gehackte Schalotten

4 TL Apfelessig

1 EL Olivenöl

1 EL Ahornsirup

1 EL cremiger Dijon-Senf

Prise Salz

frisch gemahlener schwarzer Pfeffer

OST-WEST-SALAT MIT GERÖSTETEM MAIS

REZEPT FÜR: 2 PERSONEN
ZUBEREITUNGSZEIT: 30 MINUTEN

Dieses köstliche, mild scharfe Gericht ist eine Kombination aus dem Besten, was mexikanische und asiatische Küche zu bieten haben. Mit diesem Salat gönne ich mir das sinnliche Sommer-Trio aus Mais, frischem Basilikum und roten, reifen Tomaten am allerliebsten. Auf Seite 76 können Sie bewundern, wie hübsch er in Einmachgläsern aussieht!

Tipps zum Rösten von Mais finden Sie auf Seite 103; etwa 4 bis 5 durchschnittlich große Maiskolben sollten für dieses Rezept ausreichen.

1 Mais, Frühlingszwiebeln, Koriander, Basilikum, Tofu und Tomaten in eine große Schüssel geben. Dressing, Sriracha und Limettensaft in einer kleinen Schüssel glatt rühren. Anschließend zum Gemüse geben und gut untermischen. Den Salat in Servierschüsseln anrichten.

2 Kokosflocken in einer kleinen Pfanne auf mittlerer Hitze 5 bis 7 Minuten unter ständigem Wenden rösten, bis sie goldgelb sind. Sofort vom Herd nehmen und über den Salat streuen. Falls gewünscht, Garam Masala gleichmäßig über die Portionen rieseln lassen. Sofort servieren.

---

800 g geröstete Maiskörner

grüne Anteile von 4 Frühlingszwiebeln, fein geschnitten

1 kleines Bund frischer Koriander, gehackt

½ Bund frisches Thai-Basilikum oder Basilikum, gehackt

130 g gewürfelter Zitronengras-Tofu (Seite 43)

350 g Kirschtomaten, halbiert, oder 450 g gewöhnliche Tomaten, gehackt

160 ml Zurück-zur-Ranch-Dressing (Seite 17, ohne frische Kräuter zubereitet) oder vegane Mayonnaise

3 großzügige EL Sriracha oder eine ähnliche asiatische Chilisoße

2 EL frisch gepresster Limettensaft

100 g ungesüßte Kokosnussflocken

1 TL Garam Masala, zum Garnieren (optional)

PAPAYA-SALAT MIT ZITRONENGRAS-TOFU

REZEPT FÜR: 4 PERSONEN
ZUBEREITUNGSZEIT: WENIGER ALS 30 MINUTEN, PLUS ZUBEREITUNGSZEIT FÜR DEN TOFU

Som Tam, ein scharfer Papaya-Salat, ist eins meiner absoluten Lieblingsgerichte. In der glühenden Sommerhitze ist dieser saftige Berg aus knackigen Erdnüssen, frischer grüner Papaya und zitronigem Tofu ein Abendessen, mit dem ich mich mehrmals die Woche vergnügen kann.

Wenn Sie keinen Mörser besitzen, geben Sie die Bohnen und Erdnüsse getrennt in Plastikbeutel und zerstampfen Sie sie mit einem Nudelholz. Knoblauch und Ingwer zusammen mit einem Messer zu einer groben Paste zerkleinern.

1 Die geschnittenen Spargelbohnen portionsweise in einem großen Mörser zerstampfen, dann in eine große Schüssel geben. Geraspelte Papaya, Tomaten, Koriander, Minze, Chili und Zwiebel ebenfalls in die Schüssel geben.

2 Knoblauch und Ingwer zusammen im Mörser zerstampfen (alternativ hacken) und zum Salat geben. Die Erdnüsse ebenfalls im Mörser oder mit dem Messer zerdrücken (oder fein hacken) und zum Salat geben. Anschließend Kokosblütenzucker, Sojasoße und Limettensaft hinzugeben und alles mit einer Küchenzange gut durchmischen, bis Dressing und zerdrückte Erdnüsse gleichmäßig verteilt sind. Nach Belieben mit mehr Kokosblütenzucker oder Sojasoße abschmecken.

3 Den Salat in flachen Servierschälchen anrichten und mit Tofustreifen garnieren. Falls in der Schüssel noch Dressing übrig ist, einfach über den Tofu gießen. Sofort servieren.

---

100 g Spargelbohnen oder grüne Bohnen, diagonal in 2,5 cm lange Stücke geschnitten

400 g geraspelte grüne Papaya

175 g rote Kirschtomaten, halbiert

1 kleines Bund frischer Koriander, gehackt

2-3 EL frische Minze, gehackt

1 rote Chilischote, hauchdünn geschnitten

1 rote Zwiebel, in dünne Halbmonde geschnitten

2 Knoblauchzehen, geschält

1 cm dicke Scheibe geschälter frischer Ingwer

100 g geröstete, ungesalzene Erdnüsse

3 EL Kokosblütenzucker

2 EL natriumarme oder gewöhnliche Sojasoße

80 ml frisch gepresster Limettensaft

1 × Zitronengras-Tofu (Seite 43) oder 225 bis 280 g gebackener Tofu, in dünne Streifen geschnitten

POLNISCHER SOBA-SOMMERSALAT

REZEPT FÜR: 2 PERSONEN
ZUBEREITUNGSZEIT: 45 MINUTEN

Sobanudeln werden traditionell aus Buchweizenmehl hergestellt und in Japan an heißen Tagen kalt gegessen. Als ich an einem warmen Sommertag einen kalten Sesam-Sobasalat verschlang, fiel mir ein, dass Buchweizen auch in osteuropäischen Ländern zu den Grundnahrungsmitteln zählt. Und so entstand dieses Rezept für einen Salat, der die erdigen Nudeln mit den rustikalen Aromen polnischer Sommersalate vereint: rote Bete, Gurken und – unverzichtbar – frischer Dill. Die weißen Bohnen tragen Substanz und Eiweiß bei.

1 Den Backofen auf 200° Celsius vorheizen und ein Backblech mit Backpapier auslegen. Die gewürfelte rote Bete auf dem Backpapier verteilen, 1 EL Öl darüber träufeln, mit Selleriesamen, Salz und Pfeffer berieseln und schwenken. 20 Minuten rösten oder bis die Würfel gar sind und sich mühelos mit einer Gabel einstechen lassen.

2 Die Sobanudeln nach Packungsanweisung zubereiten, aber die Garzeit etwas verkürzen und al dente kochen. Das Wasser abgießen, die Nudeln mit kaltem Wasser abschrecken und in eine Schüssel geben.

3 Frühlingszwiebeln, Gurke und weiße Bohnen in eine zweite Schüssel geben. Die Zutaten für das Dressing in einem Messbecher oder einer Schüssel aus Glas verrühren. Die Hälfte des Dressings zu der Bohnenmischung geben und untermischen. Die Sobanudeln im restlichen Dressing schwenken.

4 Die Sobanudeln auf Servierschüsseln verteilen und in der Mitte der Schüsseln dekorativ anrichten. Mit einem Löffel die Bohnen-Gemüsemischung auf die Nudeln geben und mit gerösteter roter Bete und gerösteten Walnüssen garnieren.

SOBASALAT

225 g ungekochte Rote Bete, geschält und gewürfelt

1 EL plus 1 TL Olivenöl

¼ TL Selleriesamen

1 Prise Salz und etwas frisch gemahlener schwarzer Pfeffer

170 g Sobanudeln

grüne Anteile von 2 Frühlingszwiebeln, fein geschnitten

1 Salatgurke, geschält und in dünne Halbmonde geschnitten

200 g gekochte weiße Bohnen

3 EL gehackte geröstete Walnüsse

DILL-DRESSING

½ Bund frischer Dill, fein gehackt

3 EL Reisessig

4 TL Olivenöl

1 EL Kristallzucker (bio)

½ TL frisch gemahlener schwarzer Pfeffer

½ TL Salz

sommer

PESTO-BLUMENKOHL-KARTOFFELSALAT

REZEPT FÜR: 3 BIS 4 PERSONEN
ZUBEREITUNGSZEIT: 45 MINUTEN

In dieser klassischen Kombination aus Pesto und Kartoffeln spielt unwiderstehlicher gegrillter Blumenkohl eine entscheidende Rolle. Wenn Sie eine etwas gehaltvollere Pesto-Mahlzeit möchten, können Sie die Hälfte des Blumenkohls durch Pasta ersetzen; dann nehmen Sie am besten die kleinen verschlungenen Gemelli-Nudeln.

1 Den kräftigen Strunk des Blumenkohls entfernen, dann den Blumenkohl in 2,5 cm dicke Scheiben schneiden. Eine Grillpfanne aus Eisen auf hoher Flamme erhitzen. Den Blumenkohl mit Olivenöl fetten, dann in die vorgeheizte Pfanne legen. 4 bis 5 Minuten grillen, bis der Blumenkohl außen leicht angebräunt und innen zart und knackig ist. Dabei einmal wenden. Anschließend auf ein Schneidebrett geben, in mundgerechte Stücke schneiden und die Stücke in eine große Schüssel geben.

2 Die Kartoffeln schälen und in circa 1,5 cm große Stücke schneiden. In eine große Pfanne geben, mit 10 cm kaltem Wasser bedecken und auf hoher Flamme aufkochen. Dann die Hitze reduzieren und 6 bis 8 Minuten fast gar kochen. Die Erbsen einrühren und eine Minute mitkochen. Etwa 60 Milliliter des Kochwassers auffangen, den Rest abgießen und die Kartoffeln und Erbsen mit kaltem Wasser abspülen. Zum Blumenkohl geben.

3 Die Zutaten für das Pesto mit 2 Esslöffeln des Kochwassers in einer Küchenmaschine glatt pürieren. Zum Gemüse geben, dann die Nüsse zugeben und alles gut vermischen. Abdecken und 10 Minuten kalt stellen, damit die Aromen verschmelzen können. Den Salat kühl oder bei Zimmertemperatur servieren. Jede Portion mit ein paar Nüssen garnieren.

THE SPIN

In diesem Rezept wird zwar nur ein halber, durchschnittlich großer Blumenkohl verwendet, aber Sie können eigentlich auch gleich den ganzen Kohl grillen. Was Sie nicht für dieses Rezept benötigen, können Sie aufbewahren und in jedem beliebigen anderen Rezept aus diesem Buch verwenden oder heiß mit einer Prise Meersalz und einem Spritzer Zitronensaft genießen.

SOMMER

BLUMENKOHL-KARTOFFELSALAT

225 g Blumenkohl

1 EL Olivenöl

225 g festkochende Kartoffeln, mit Schale

150 g frische oder gefrorene grüne Erbsen

3 EL gehackte geröstete Walnüsse oder geröstete Pinienkerne

BASILIKUM-PESTO-DRESSING

1 kleines Bund frisches Basilikum, nur Blätter

1 EL Weißweinessig oder weißer Balsamicoessig

1 EL frisch gepresster Zitronensaft

4 TL Olivenöl

3 Knoblauchzehen, geschält

½ TL frisch geriebene Zitronenschale

½ TL Salz

Salz und frisch gemahlener schwarzer Pfeffer zum Abschmecken

PESTO-GENOVESE-SALAT

Anstelle des Blumenkohls 225 g Pasta verwenden. Nach Packungsanweisung in Salzwasser al dente kochen, dann abgießen und mit dem Rezept wie beschrieben fortfahren.

PIZZASALAT MIT TEMPEH-SALAMI

GF **REZEPT FÜR:** 2 BIS 3 PERSONEN
ZUBEREITUNGSZEIT: 30 MINUTEN PLUS 2 STUNDEN

Wenn Sie Pizza lieben, integrieren Sie diesen pikanten Salat in ihren Speiseplan: Tempeh-"Salami"-Nuggets, Oliven, Zwiebeln und ein „Pizzasoßen"-Dressing, das eine robuste Salatmischung aus Spinat und Rucola krönt. Ohne Gluten und schlechtes Gewissen können Sie sich gerne noch ein zweites Stück – äh, eine zweite Schüssel gönnen. Wenn Sie es dekadent mögen, sprenkeln Sie noch etwas gerösteten Hanf-Parmesan darüber (Seite 35).

1. Ofen auf 165 °C vorheizen und ein Backblech mit Backpapier auslegen. Tomaten horizontal aufschneiden und mit der Schnittfläche auf das Backpapier legen. Mit 1 EL Balsamicoessig und 2 EL Olivenöl beträufeln. 1 Knoblauchzehe in sehr feine Scheiben schneiden und über die Tomaten geben. Mit Salz und Pfeffer würzen. Im Ofen ca. 2 Stunden rösten, bis die Tomaten weich sind und sich die Schale deutlich zusammengezogen hat. Abkühlen lassen und in Würfel schneiden. Saft auffangen.

2. 50 Gramm der gewürfelten Tomaten für die Tempeh-Häppchen beiseitestellen. Die übrigen Tomaten mit den restlichen Zutaten für das Dressing in einen Mixer geben und glatt pürieren. Bis zur Verwendung kalt stellen.

3. Den Rest der gewürfelten Tomaten mit Paprikapulver, Tamari, Essig, Knoblauchpulver, Fenchelsamen und schwarzem Pfeffer in einer kleinen Schüssel verrühren. Das Olivenöl in einer Eisenpfanne auf mittlerer Flamme erhitzen. Den Tempeh hineingeben und 4 bis 5 Minuten anbraten, bis er bräunlich ist. Dann die Marinade einrühren und weitere 3 Minuten braten, bis der Tempeh brutzelt und den Großteil der Marinade aufgenommen hat. Vom Herd nehmen.

4. Rucola, Spinat, Basilikum, Pita-Chips, Oliven, Zwiebeln und Oregano in eine große Schüssel geben. Die Hälfte des Dressings hinzugeben und untermischen. Den Salat in Servierschüsseln geben, den Tempeh darauf anrichten und mit dem übrigen Dressing servieren. Die Portionen mit Hanf-Parmesan garnieren!

DRESSING

- 400 g reife Tomaten
- 2 EL Balsamicoessig
- 3 EL Olivenöl
- 3 Knoblauchzehen, geschält
- 1 TL getrockneter Rosmarin
- 1 TL getrockneter Oregano
- ½ TL Salz plus etwas mehr für die Tomaten
- frisch gemahlener schwarzer Pfeffer

TEMPEH-SALAMI-WÜRFEL

- 1 EL Paprikapulver (edelsüß)
- 2 EL Tamari
- 1 EL Rotweinessig
- 1 TL Knoblauchpulver
- 1 TL Fenchelsamen
- ½ TL frisch gemahlener schwarzer Pfeffer
- 1 EL Olivenöl
- 225 g Tempeh, in 6 mm großen Würfeln

SALAT

- 50 g junger Rucola
- 3 große Handvoll Spinat
- 1 Bund frisches Basilikum nur Blätter, in mundgerechte Stücke gezupft
- 1 große Handvoll schlichte, geröstete Pita-Chips oder Klassische Croutons (Seite 39)
- 70 g entsteinte, gehackte Kalamata-Oliven
- 1 süße Zwiebel, in Halbmonde geschnitten
- 1 TL getrockneter Oregano
- 2 EL Gerösteter Hanf-Parmesan (Seite 35)

THE SPIN

Ofengeröstete Tomaten kann man wunderbar im Voraus zubereiten. Zum Beispiel kann man sie mit einem Auflauf oder Brot gemeinsam in den Ofen schieben und so weder Zeit noch Hitze verschwenden. In einem verschlossenen Behälter kann man die Tomaten bis zu fünf Tage lang im Kühlschrank aufbewahren.

PFLAUMEN-LIEBEN-RUCOLA-SALAT

REZEPT FÜR: 2 PERSONEN
ZUBEREITUNGSZEIT: 20 MINUTEN, PLUS ZUBEREITUNGSZEIT FÜR TOFU ODER MANDELN

Richtig aromatische, saftige Pflaumen gibt es nur für wenige Wochen im Spätsommer und frühen Herbst. Sie sind natürlich toll als Marmelade und in Kuchen, aber sie passen auch wunderbar zu diesem simplen Salat mit sämigem Ingwer-Tahina-Dressing, würzig-scharfen Mandeln und dem wundervoll bittersüßen Rucola, der einen tollen Kontrast bildet.

1. Alle Zutaten für das Dressing in der Küchenmaschine glatt pürieren. Abdecken und bis zur Verwendung im Kühlschrank aufbewahren. Das Dressing dickt dabei etwas nach; wenn Sie möchten, können Sie es mit einem oder zwei Teelöffeln warmem Wasser wieder verdünnen.

2. Die Pflaumen waschen und trocknen. Dann halbieren, vorsichtig auseinanderdrehen und die Steine entfernen. Die Pflaumen in mundgerechte Stücke würfeln.

3. Rucola in eine Servierschüssel geben, darauf die Pflaumen und den Tofu anrichten und Mandeln darüberstreuen. Den Salat mit dem gekühlten Dressing beträufeln und servieren. Ein Pflaumentraum!

INGWER-TAHINA-DRESSING

3 EL Tahina
125 ml Wasser
1 Knoblauchzehe, geschält
2 EL frisch gepresster Zitronensaft
1,5 cm großes Stück frischer Ingwer, geschält und grob gehackt
½ TL Salz
¼ TL chinesisches 5-Gewürze-Pulver
frisch gemahlener schwarzer Pfeffer zum Abschmecken

SALAT

450 g feste, aber reife rote oder schwarze Pflaumen
150 g Rucola
1 × Ginger-Beer-Tofu (Seite 44), in 1,5 cm großen Würfeln
50 g Tamari-5-Gewürze-Mandeln (Seite 33)

CURRY-LINSEN-QUINOA-SALAT

REZEPT FÜR: 2 PERSONEN
ZUBEREITUNGSZEIT: 45 MINUTEN

Nehmen Sie Quinoa-Salat mit auf eine Thailand-Reise und peppen Sie ihn mit einem pikanten erfrischenden Dressing auf, inspiriert von grünem Curry und kombiniert mit saftiger Ananas und gerösteten Kokosraspeln. Dieser Salat ist eine absolute Geschmacksbombe, die Sie nach Belieben um kleine Zitronengras-Tofuschnitzel (Seite 43) für den Extraschub Eiweiß erweitern können.

Grünes Curry-Dressing (Seite 28)

100 g ungekochte rote Quinoa

250 ml Wasser

160 ml Ananassaft

Prise Salz

1 × Linsen für Salat (Seite 49), oder 1 Dose (à 400 g) Linsen, abgetropft und abgespült

grüne Anteile von 4 Frühlingszwiebeln, fein geschnitten

1 rote oder grüne Chilischote, fein gehackt (optional)

1 kleines Bund Thai-Basilikum, aufgerollt und in Streifen geschnitten

2 große reife Tomaten, entkernt und gewürfelt

400 g gewürfelte frische Ananas

200 g gemischter Salat oder Entspannter Grünkohlsalat (Seite 31)

40 g geröstete Kokosraspel (siehe Ost-West-Salat mit geröstetem Mais, Seite 77)

1 Zuerst das Dressing zubereiten und kalt stellen, während Sie den Rest des Salats zubereiten.

2 Die Quinoa in ein feinmaschiges Sieb geben und gut mit kaltem Wasser abspülen. Anschließend in einen großen Topf geben. Auf mittlerer Hitze unter ständigem Rühren leicht rösten, bis die Körner trocken sind, dann Wasser, Ananassaft und eine Prise Salz hinzugeben. Auf hoher Flamme aufkochen, gelegentlich umrühren, dann die Hitze reduzieren. Abdecken und 20 Minuten köcheln lassen, bis die Flüssigkeit aufgenommen wurde und die Quinoa gar ist. Den Deckel abnehmen, mit einer Gabel auflockern und zum Abkühlen beiseitestellen, während Sie den Rest des Salats vorbereiten.

3 Linsen, Frühlingszwiebeln, Chili (falls verwendet), Basilikum, Tomaten, Ananas, Salat und die abgekühlte Quinoa in eine Schüssel geben. Das Dressing über den Salat gießen und alles gut vermengen. Abdecken und 20 Minuten kalt stellen, damit die Aromen verschmelzen können. Dann mit gerösteten Kokosraspeln garniert servieren.

BHEL PURI CHAAT MIT AVOCADO & AMARANT

GF **REZEPT FÜR:** 3 BIS 4 PERSONEN
ZUBEREITUNGSZEIT: 30 MINUTEN

Einfache indisch-lateinamerikanische Fusionsküche beginnt mit diesem tollen Salat aus Bhel-Puri-Mix und Avocado, schwarzen Bohnen und gepufftem Amarant als lateinamerikanische Grundnahrungsmittel. Dazu ein scharfes Tamarinden-Ahorn-Dressing und fertig!

1. Die Zutaten für das Dressing in einer kleinen Schüssel verrühren. Den Bhel-Puri-Mix zusammen mit dem gepufften Amarant und den Cashewkernen in eine große Schüssel geben.

2. Die übrigen Salatzutaten in die Schüssel geben, dann das Dressing dazu gießen und unterheben, um den Bhel-Puri-Mix anzufeuchten. Den Salat in großen Portionen in Servierschüsseln anrichten. Das Garam Masala auf die Portionen aufteilen und über den Salat rieseln lassen. Sofort servieren, sonst werden Amarant und Bhel Puri ganz schnell matschig.

TAMARINDEN-AHORN-VINAIGRETTE

3 EL Tamarindenkonzentrat
2 EL Agavendicksaft
1 EL frisch gepresster Limettensaft
½ TL gemahlener Kreuzkümmel
½ TL Cayennepfeffer
½ TL Salz

BHEL-PURI-SALAT

145 g Bhel-Puri-Mix
40 g gepuffter Amarant
80 g gehackte geröstete ungesalzene Cashewkerne
1 reife Avocado, gewürfelt
165 g gekochte schwarze Bohnen, abgetropft und abgespült
1 reife Mango, gewürfelt
1 mittelgroße rote Zwiebel, fein gewürfelt
½ kleines Bund frischer Koriander, gehackt
1 TL Garam Masala, zum Garnieren

THE SPIN

Bhel Puri ist ein klassischer indischer Street Food Snack (chaat genannt). Es handelt sich um eine knusprige Mischung aus frittierten Kichererbsennudeln, gepufftem Reis, frittierten Erbsen und anderen leckeren Dingen, gemischt mit Kräutern und herben Chutneys. Der Trockenmix für dieses Chaat besteht aus scharfen frittierten Nudeln und knusprigem Reis und ist in typisch amerikanischen Snackbeuteln in der indischen Abteilung im Supermarkt zu finden. Und während Sie schon einmal dort sind, denken Sie dran, auch das Tamarindenkonzentrat und Garam Masala für dieses Rezept mitzunehmen.

BENTO À LA SALADE NIÇOISE

REZEPT FÜR: 2 PERSONEN, ODER 2+ BENTO-SALATE, JE NACH GRÖSSE IHRER BENTOBOXEN!
ZUBEREITUNGSZEIT: 1 STUNDE

Bei Salat geht es darum, Entscheidungen zu treffen: Will ich heute an weichen Kartoffeln, knackigen grünen Bohnen oder lieber an schmackhaften Oliven knabbern? Diese rein pflanzliche Interpretation des französischen Küstensalats wird durch Seetang-Kichererbsen und Kokosspeck-Häppchen (Seite 48) ergänzt, gebadet in einem Chia-Dijon-Dressing. Der Kracher? Avocados mit indischem Schwarzsalz – die atemberaubende Alternative zu hart gekochten Eiern.

Ich will Ihnen nichts vormachen: Dieser Salat wird stufenweise zubereitet. Um Ihre Zeit am sinnvollsten zu nutzen, sollten Sie das frische Gemüse schneiden und die grünen Bohnen blanchieren, während die Kartoffeln kochen. Doch wenn Sie die einzelnen Komponenten erst einmal in Bentoboxen verpackt haben, versüßt dieser leckere Salat Ihre hektische Woche.

1 Zunächst die Vinaigrette zubereiten und kaltstellen, während Sie den Rest des Rezepts zubereiten.

2 Die Kartoffeln abschrubben, in einen großen Topf geben und mit 10 cm kaltem Wasser bedecken. 12 bis 14 Minuten kochen, bis Sie mühelos eine Gabel hineinstechen können. Das Kochwasser abgießen und die Kartoffeln in 1,5 cm dicke Spalten schneiden, sobald sie hierfür kalt genug sind. Währenddessen die grünen Bohnen 3 bis 4 Minuten garen, bis sie leuchtend grün, aber noch knackig sind. Abgießen und sofort mit kaltem Wasser abschrecken. Wenn Sie den Salat erst später servieren, die Kartoffeln und Bohnen abdecken und kaltstellen.

3 Alle Zutaten für die Kichererbsen in eine Schüssel geben. Wenn Sie möchten, können Sie die Kichererbsen mit der Rückseite eines Holzlöffels leicht zerdrücken. Es soll keine geschmeidige Paste werden, sondern nur leicht cremig. Abdecken und kaltstellen.

(Fortsetzung)

GEMÜSESALAT

Schalotten-Senf-Chia-Vinaigrette (Seite 22)

225 g kleine junge rote Kartoffeln oder Fingerling-Kartoffeln, ungeschält

225 g grüne Bohnen

200 g zarte, in mundgerechte Stücke gezupfte Salatblätter (z. B. Kopfsalat, Lollo Rosso oder Eichblattsalat), gewaschen, trocken geschleudert und kaltgestellt

170 g Niçoise-Oliven oder ähnliche braune Oliven, entsteint

30 g Kokosspeck-Häppchen (Seite 48)

frisch gemahlener schwarzer Pfeffer (optional)

MEERESKICHERERBSEN

370 g gekochte Kichererbsen

grüne Anteile von 2 Frühlingszwiebeln, fein geschnitten

3 EL Dulse-Flocken, plus mehr zum Garnieren

2 EL vegane Mayonnaise oder Zurück-zur-Ranch-Dressing (Seite 17)

2 EL Kapern

½ TL Meersalz

großzügige Prise Cayennepfeffer

BASILIKUM-„EI"-AVOCADO

1 EL frisch gepresster Limetten- oder Zitronensaft

8 frische Basilikumblätter, aufgerollt und in Streifen geschnitten

½ TL indisches schwarzes Salz (Kala Namak)

1 reife Avocado

4 Kurz vor dem Servieren die Avocado vorbereiten. Limetten- oder Zitronensaft, Basilikum und schwarzes Salz in eine kleine Schüssel geben. Die Avocado schälen und würfeln, dann vorsichtig im Dressing schwenken.

5 Falls Sie den Salat in einer Bentobox anrichten, legen Sie die Innenfächer mit ein paar kleinen Salatblättern aus. Die Kichererbsen, Avocado, Kartoffeln und Bohnen auf die Fächer verteilen. Mit Oliven, Kokosspeck und Seetang-Flocken garnieren und das Senf-Dressing gut verpacken.

6 Wenn Sie den Salat auf Tellern oder in großen Salatschüsseln servieren, legen Sie die Teller bzw. Schüsseln mit Salatblättern aus und richten Sie die einzelnen Komponenten wie Kuchenstücke darauf an. Mit Oliven, Kokosspeck und Seetang-Flocken garnieren. Das Dressing herumreichen und genießen!

SALZ & SEETANG: SAMURAI-BASICS

Diese zwei Zutaten, denen Sie vielleicht noch nicht in der Küche begegnet sind, verleihen diesem Salat einen einzigartigen, tiefgründigen Geschmack: indisches schwarzes Salz und Dulse-Flocken.

Indisches schwarzes Salz, auch als Kala Namak bekannt, ist ein fein gemahlenes, gräulich pinkfarbenes Salz mit einem intensiven und sehr überzeugenden „Ei-Geschmack". Es ist normalerweise in der Gewürzabteilung indischer Geschäfte zu finden.

Dulse- oder Lappentang-Flocken werden gerne dazu verwendet, veganen Gerichte einen „fischigen" Geschmack zu verleihen. Diese gerösteten Flocken haben einen rot-braunen Farbton, geben Ihren Gerichten einen ganz natürlichen, salzigen Geschmack und sind in den meisten Naturkostläden erhältlich. Falls Sie diese Zutaten nicht bekommen, machen Sie den Salat einfach ohne – keine Ersatzzutaten notwendig.

EDAMAME-SUCCOTASH-SALAT MIT MISO-DRESSING

 REZEPT FÜR: 3 BIS 4 PERSONEN
ZUBEREITUNGSZEIT: 45 MINUTEN

In diesem Salat mit indianischen Wurzeln verschmelzen Mais, Bohnen und ein Klecks Miso-Dressing zu köstlicher Schlichtheit. Eine Garnierung aus japanischen Shiso-Blättern (auch als Perilla bezeichnet) ist der perfekte letzte Schliff!

1 Als allererstes das Miso-Dressing zubereiten! In den Kühlschrank stellen, während Sie die restlichen Salatzutaten vorbereiten.

2 Edamame nach Packungsanweisung kochen, dann das Kochwasser abgießen und die Bohnen mit kaltem Wasser abspülen. Passen Sie auf, dass Sie sie nicht zu lange kochen; sie sollten für den Salat leuchtend grün und noch fest sein. Edamame, Zuckerschoten, Limabohnen, Mais, Frühlingszwiebeln, Sellerie, Zwiebel und Shiso in eine große Schüssel geben. 125 ml des Miso-Dressings dazugeben und untermengen.

3 Den Salat servieren und das übrige Dressing herumreichen!

- 1 × Magisches Miso-Dressing (Seite 29)
- 150 g gefrorene geschälte Edamame
- 225 g Zuckerschoten, dünn diagonal geschnitten
- 1 Dose (à 425 g) Limabohnen, abgetropft und abgespült
- 400 g frischer Mais, am besten geröstet oder blanchiert
- grüne Anteile von 2 Frühlingszwiebeln, fein diagonal geschnitten
- 1 Stange Staudensellerie, fein gehackt
- 1 kleine süße weiße Zwiebel, gehackt
- 3 frische Shiso-Blätter (Perilla), aufgerollt und in Streifen geschnitten

 Frische Shiso- oder Perilla-Blätter finden Sie in asiatischen Geschäften. Sie haben ein wirklich einzigartiges Aroma, aber wenn Sie keine in die Finger kriegen können, lassen Sie sie einfach weg oder verwenden Sie stattdessen frisches Thai-Basilikum.

SOMMER

PICKNICKSALAT FÜR WASSERNIXEN MIT SEEPFERDCHEN-RANCH-DRESSING

 REZEPT FÜR: 4 ODER MEHR PERSONEN
ZUBEREITUNGSZEIT: 30 MINUTEN, PLUS ZUBEREITUNGSZEIT FÜR DEN TEMPEH UND DAS DRESSING

Eine beliebte Vorspeise in amerikanischen Sushi-Restaurants ist der Seetangsalat. Ein gewöhnlicher Seetangsalat ist aber Welten entfernt von dieser abgedrehten Kreation; eine ordentliche, aber leichte Hauptspeise, die das Beste von Land und Meer in sich vereint. Inspiriert wurde dieses Gericht von meiner Schnippelhilfe und ihrem Wunsch nach einem erfrischenden Salat, der auch gegen die größten Hitzewellen ankommt. Das Ergebnis ist diese köstliche, vielschichtige Mahlzeit aus grünem Blattgemüse und knackigem Seetang mit Dulse-Ranch-Dressing und meinem saftigen, nach Orangen duftenden Lieblingstempeh.

1. Das Ranch-Dressing zubereiten, dann mit den Dulse-Flocken und Kapern in einen Mixer geben und 20 Sekunden mit der Pulse-Funktion pürieren. In eine Servierschüssel gießen, abdecken und bis zum Servieren kaltstellen.

2. Den Tempeh zubereiten, abdecken und bis zum Anrichten des Salats warmhalten.

3. Die Algenmischung nach Packungsanweisung einweichen und abtropfen lassen. Währenddessen Möhren, Rote Bete, Orange und Frühlingszwiebeln vorbereiten, dann in eine große Servierschüssel geben. Wenn die Algenmischung fertig ist, ebenfalls in die Schüssel geben. Essig, Öl und Sesam darüber sprenkeln.

4. Zeit, die hungrigen Sirenen zu füttern! Den Tempeh auf die Algen und das Gemüse setzen und zum Schluss noch etwas schwarzen Sesam darüber streuen. Auftischen und das Seepferdchen-Ranch-Dressing herumreichen.

SEETANG-INFOS

Sie können auch nur eine einzige Algensorte für diesen Salat verwenden (z. B. Wakame oder Arame), allerdings wird dieses Gericht mit einer farbenfrohen „Meeressalat"-Mischung erst so richtig umwerfend. Solche Mischungen sind zwar teurer als einzelne Sorten, aber dieses scheinbar schwerelose Meeresgemüse nimmt durch Einweichen ein Vielfaches seiner Größe an und explodiert in den verschiedensten grünen, schwarzen, weißen und roten Farbentönen.

SEEPFERDCHEN-RANCH-DRESSING

1 × Zurück-zur-Ranch-Dressing (Seite 17, ohne frische Kräuter zubereitet)

2 EL Kapern

1 EL Dulse-Flocken

TEMPEH-ALGEN-SALAT

1 × Orangen-Ahorn-Tempeh (Seite 46)

85 g getrocknete Algenmischung

1 Möhre, gestiftelt

1 Rote Bete, geschält und gestiftelt*

1 Orange, filetiert

grüne Anteile von 3 Frühlingszwiebeln, diagonal geschnitten

2 EL Ume Su**

1 EL Olivenöl oder Traubenkernöl

1 EL schwarzer Sesam, plus mehr zum Garnieren

*Für das Foto dieses Salats haben wir uns am Spiralschneider ausgetobt und die Rote Bete für die beste Optik in Spiralen geschnitten. Sie können sie natürlich auch stifteln – einfach und lecker!

**Ume Su ist ein Delikatess-Essig, der aus eingelegten japanischen Pflaumen hergestellt wird. Eine kleine Menge macht geschmacklich sehr viel aus und verleiht diesem Salat ein robustes, süß-saures Aroma.

FEURIGER QUINOA-OBSTSALAT

REZEPT FÜR: 2 PERSONEN
ZUBEREITUNGSZEIT: 30 MINUTEN, PLUS ZUBEREITUNGSZEIT FÜR DIE QUINOA

Ein pikanter Sommersalat aus gegrilltem Sommerobst, Mais und Quinoa mit einem aromatischen Chipotle-Orangen-Chia-Dressing. Sie können jede Quinoasorte verwenden, aber gegen die kräftigen Aromen der gegrillten Früchte und Chilis kann sich rote oder bunte Quinoa (eine Mischung aus roter, weißer und schwarzer Quinoa) am besten durchsetzen. Wenn Sie es noch schärfer mögen, mischen Sie einfach fein gehackten Ginger-Beer-Tofu (Seite 44) oder feurigen Tofu (Seite 42) unter.

1. Das Dressing zubereiten und bis zur Verwendung kaltstellen. Quinoa, Bohnen und frische Kräuter in eine große Rührschüssel geben. Die Mischung kaltstellen, während Sie die restlichen Zutaten grillen.

2. Eine gusseiserne Grillpfanne auf mittlerer Flamme erhitzen oder draußen den Grill nach Herstelleranweisungen anwerfen. Obst und Gemüse dünn mit Olivenöl bestreichen und mit einer Prise Salz berieseln. Die Zwiebeln etwa 3 Minuten rösten, bis sie braun werden, dann beiseitestellen. Die Pfirsiche von allen Seiten etwa 2 Minuten grillen, bis sie innen richtig heiß und außen etwas angeschwärzt sind. Die Maiskolben ebenfalls 3 bis 4 Minuten grillen, bis die Körner leicht schwarz sind. Gelegentlich wenden. Das gegrillte Obst und Gemüse etwas abkühlen lassen, bis Sie es mit den Händen anfassen können. Mit einem dünnen Messer die Maiskörner von den Kolben schneiden.

3. Das gehackte Obst und Gemüse zu der Quinoa in die Schüssel geben, dann die Kürbiskerne und das Dressing hinzugeben. Alles gut vermengen und entweder gekühlt oder bei Zimmertemperatur servieren.

- 1 × Chia-Chipotle-Dressing (Seite 20)
- 400 g gekochte und abgekühlte rote oder bunte Quinoa
- 165 g gekochte schwarze Bohnen, abgetropft und abgespült
- 1 kleines Bund glatte Petersilie oder Koriander, gehackt
- ½ kleines Bund frisches Basilikum, Blätter aufgerollt und in Streifen geschnitten
- 1 große rote Zwiebel, in Ringe geschnitten
- 3 große, feste Pfirsiche oder Nektarinen
- 3 Maiskolben, Blätter und Fäden entfernt
- Olivenöl
- Salz
- 70 g geröstete Kürbiskerne

THE SPIN: Keine Zeit, den Grill anzuschmeißen? Mit rohen Pfirsichen und Zwiebeln ist dieser Salat genauso lecker! Der Mais kann kurz blanchiert werden, oder Sie besorgen sich, wenn es etwas schneller gehen muss, ersatzweise tiefgefrorene Maiskörner.

ERBSEN-KRÄUTER-RICOTTA ZU TOMATEN & BASILIKUM

  REZEPT FÜR: 3 BIS 4 PERSONEN
ZUBEREITUNGSZEIT: 30 MINUTEN

Caprese-Salat, die formvollendete Schönheit aus Mozzarella, Tomaten und Basilikum mit einem Dressing aus Öl und Balsamicoessig, löst in mir aufrichtigen Salatneid aus. Ich habe nicht viel für gekauften veganen Mozzarella übrig, aber was macht das schon, wenn ich mir so einfach diesen cremigen, dekadenten Erbsen-Cashew-„Ricotta" herbeizaubern kann, der sich großzügig auf große, saftige Sommertomatenscheiben streichen lässt? Knausern Sie nicht mit dem frischen Basilikum und verwenden Sie das beste Olivenöl und den süßesten Balsamicoessig, den Sie in die Finger kriegen können. Besser können Sie Tomaten im Hochsommer gar nicht verspeisen! Tipp: Als ultraerfrischende Sommervorspeise Kirschtomaten mit dem Ricotta und frischem Basilikum füllen!

1 Während die Erbsen auftauen, das Wasser in einen Glasbehälter füllen und die Cashewkerne im Kühlschrank darin einweichen.

2 Anschließend das Wasser abgießen und die Cashewkerne in eine Küchenmaschine geben. Olivenöl, Zitronensaft, Knoblauch und Salz hinzugeben und mit der Pulse-Funktion zu einer dicken Paste verarbeiten. Dabei gelegentlich mit einem Silikonspatel die Masse von den Rändern des Gefäßes abstreichen.

3 Erbsen und gehackte frische Kräuter hinzugeben. Erneut solange mit der Pulse-Funktion pürieren, bis eine fluffige, glatte Creme entsteht. Bei Bedarf mit mehr Zitronensaft und Salz abschmecken. In einen Behälter geben, locker verschließen und mindestens 10 Minuten kaltstellen, damit sich die Aromen voll entfalten können.

4 Kurz vor dem Servieren die Tomaten in dicke Scheiben schneiden und auf einer Servierplatte anrichten. Einen großzügigen Klecks Erbsenricotta auf jede Scheibe geben und mit Basilikumblättchen garnieren. Mit Olivenöl und etwas Balsamicoessig beträufeln und mit frisch gemahlenem Pfeffer würzen. Einfach so essen oder zu knusprigem Brot servieren.

ERBSEN-RICOTTA

250 g tiefgefrorene grüne Erbsen, 6 Stunden oder über Nacht im Kühlschrank aufgetaut

80 g ungeröstete Cashewkerne

125 ml Wasser

2 EL Olivenöl

3 EL frisch gepresster Zitronensaft

2 Knoblauchzehen, geschält

½ TL Salz

2 EL gehackte frische glatte Petersilie (alternativ Basilikum oder Dill)

SALAT

900 g saftige, reife Tomaten (gewöhnliche rote oder beliebige Heirloom-Sorte)

1 Bund frisches Basilikum, gewaschen und getrocknet

Olivenöl (nativ extra)

hochwertiger Balsamicoessig

etwas frisch gemahlener schwarzer Pfeffer

EISBERG-WEDGE-SALAT MIT SEITAN-SPECK UND MEERRETTICH-DRESSING

REZEPT FÜR: 4 PERSONEN
ZUBEREITUNGSZEIT: 45 MINUTEN

Das ist die Rache der Veganer! Höchste Zeit, diese absolut bescheuerten Eisbergsalatspalten zurückzuerobern – die Geißel aller Sportkneipen und Steak-Häuser – und daraus einen fleischlosen Triumphzug zu kreieren, für den Omnivore aus allen Ecken und Enden der Welt Schlange stehen werden.

Diese Kombination aus rauchig gegrilltem Seitan und pikantem Meerrettich-Dressing ist das Beste, das einem Eisbergsalat passieren kann. Für ein dramatisches Hauptgericht servieren Sie den Salat als knackige, große Spalten mit einer großzügigen Portion Dressing (endlich ein Grund, die Steak-Messer auszugraben!) oder nehmen Sie anstelle des Eisbergsalats gehackten, herzhaften Römersalat oder entspannten Grünkohlsalat (Seite 31) für einen unkomplizierten Salat aus der Schüssel.

1. Das Ranch-Dressing zubereiten, dann den Meerrettich hinzugeben und alles erneut pürieren. Abgedeckt bis zum Servieren kaltstellen. Die Zutaten für die Marinade in einer Schüssel verrühren.

2. Den Seitan diagonal in etwa 1,5 cm dicke Streifen schneiden. Die Streifen in die Marinade geben, gründlich darin schwenken und für 10 Minuten beiseitestellen.

3. Eine gusseiserne Grillpfanne auf mittlerer Flamme erhitzen. Dann mit einem hitzestabilen Öl (z. B. Erdnussöl) bestreichen oder besprühen. Die Seitanstreifen darin beidseitig jeweils eine Minute anbraten, bis sie die typischen, dunklen Grillstreifen haben. Achten Sie darauf, den Seitan nicht zu lange zu garen, da er austrocknen kann (und das wollen wir schließlich nicht!). Anschließend auf ein Schneidebrett geben. Abkühlen lassen, dann in 6 Millimeter große Stücke schneiden.

4. Das Salatherz entfernen. Kurz vor dem Anrichten den Salat vierteln.

5. Zum Servieren die Salatspalten auf vier Tellern anrichten. Das Dressing in die Mitte und auf die Seiten geben, gewürfelten Seitan, Tomaten, Zwiebeln und eingelegte Bohnen oder Gurken darauf anrichten und zum Schluss mit etwas mehr Dressing beträufeln. Mit Schnittlauch und frisch gemahlenem Pfeffer garnieren und servieren!

MEERRETTICH-DRESSING

1 × Zurück-zur-Ranch-Dressing (Seite 17)
2 EL Meerrettich (aus dem Glas)

RAUCH-MARINADE

2 EL Olivenöl
1 EL Apfelessig
1 EL Ahornsirup
1 EL Tomatenmark
1 TL Sojasoße
1 TL flüssiges Raucharoma
1 TL geräuchertes Paprikapulver (edelsüß)

... UND DER REST DES SALATS

2 gedünstete oder gebackene Seitan-Schnitzel (Seite 50)
1 Eisbergsalat
4 rote reife Tomaten, entkernt und gewürfelt
1 kleine süße gelbe Zwiebel (z. B. Vidalia), gewürfelt
140 g eingelegte grüne Bohnen oder Gurken, gewürfelt
2 EL gehackter frischer Schnittlauch
frisch gemahlener schwarzer Pfeffer

GERÖSTETER MEXIKANISCHER MAISSALAT MIT AVOCADO (ESQUITES)

 REZEPT FÜR: 3 BIS 4 PERSONEN
ZUBEREITUNGSZEIT: 45 MINUTEN

Ich könnte jeden Abend einen anderen Maissalat essen (Mais ist die ideale herzhafte Zutat in Sommersalaten), aber angefangen hat diese Besessenheit mit einem veganen Luxus-Esquites, der Königin cremiger gerösteter Maissalate. Anders als die meisten gewöhnlichen Maissalate sollte dieses Gericht gegessen werden, solange der Mais nach dem Rösten noch heiß ist. Daher sollten Sie die Gemüsezutaten (und das Dressing, aber das wissen Sie ja bereits!) als Erstes vorbereiten. Der geröstete Mais macht daraus am Ende ein unwiderstehliches Gericht.

1 Zuerst das Dressing zubereiten. Die Cashews 30 Minuten im heißen Wasser einweichen, dann mitsamt dem Wasser im Mixer glatt pürieren. Die übrigen Dressingzutaten hinzugeben, glatt und cremig pürieren, dann bis zur Verwendung kalt stellen.

2 Eine gusseiserne Grillpfanne auf mittlerer Flamme erhitzen. Die Maiskolben mit Olivenöl einreiben und 3 bis 4 Minuten rösten, bis die Körner leicht angeschwärzt sind. Dabei gelegentlich wenden. Anschließend auf ein Schneidebrett geben und etwas abkühlen lassen. Mit einem scharfen Messer mit feiner Klinge die Körner von den Kolben schneiden; am besten (damit Ihnen die Körner nicht um die Ohren fliegen) schneiden Sie erst ein paar Reihen, dann können Sie den Maiskolben flach auf das Brett legen und sich um den Rest kümmern. Eine Seite des Kolbens sollte dabei immer flach auf dem Brett liegen.

3 Die Maiskörner in eine große Rührschüssel geben. Koriander, Frühlingszwiebeln und Jalapeño hinzugeben, dann das Dressing über die Zutaten träufeln und alles vermengen. Den Salat in Servierschüsseln geben und auf jeder Portion Avocados und Tomatenstücke anrichten. Anschließend mit etwas Chilipulver berieseln. Mit Limettenspalten servieren, solange der Mais noch heiß ist!

CREMIGES LIMETTEN-DRESSING

80 g ungeröstete Cashewkerne

125 ml heißes Wasser

2 EL frisch gepresster Limettensaft

1 TL Olivenöl oder Kokosöl

1 Knoblauchzehe, geschält

2 TL weiße (shiro) Miso

MAISSALAT

4 Maiskolben, ohne Blätter und Fäden

Olivenöl

½ kleines Bund frischer Koriander, gehackt

grüne Anteile von 2 Frühlingszwiebeln, fein geschnitten

1 grüne oder rote Jalapeño-Schote, geröstet oder frisch, entkernt und gehackt

1 reife Avocado, gewürfelt

1 große reife Tomate, entkernt und gewürfelt

2 TL Chilipulver (am besten ein mexikanisches, z. B. Poblano oder Chipotle)

Limettenspalten, zum Garnieren

CAESAR-GARTENSALAT MIT BUFFALO-RANCH-DRESSING

REZEPT FÜR: 2 BIS 3 PERSONEN
ZUBEREITUNGSZEIT: 30 MINUTEN

Sie müssen keinen Garten haben, um jeden saftigen Bissen dieser Kombination aus Sommer-Krautsalat und Caesar-Salat mit einem Topping aus bissfestem Tofu in einer Buffalo-Chilisoße genießen zu können. Ein frecher, vielseitig reichhaltiger Salat, der am allerbesten schmeckt, wenn Sie sich an einem späten Sommernachmittag mit guten Freunden und kaltem Bier entspannen.

1. Zunächst das Dressing zubereiten und bis zum Servieren kalt stellen.

2. Den Tofu zubereiten (am besten während die Cashewkerne für das Dressing einweichen). Bis zum Servieren abdecken.

3. Den Strunk des Salats entfernen, dann die Blätter in mundgerechte Stücke schneiden. Waschen, trocknen und anschließend in eine große Rührschüssel geben. Kohl, Möhren, Sellerie und Croutons hinzugeben. Das Dressing hinzugeben und alles mit einer Küchenzange vermengen. Den Salat in großen Servierschüsseln anrichten und mit dem Tofu garnieren.

---

1 × Zurück-zur-Ranch-Dressing (Seite 17)
1 × Feuriger Tofu (Seite 42)
1 großer Römersalat
200 g fein geraspelter Rotkohl
100 g geraspelte Möhren
60 g Staudensellerie, fein diagonal geschnitten
2 große Handvoll Klassische Croutons (Seite 39)

DILL-KRAUTSALAT-BOWL MIT BBQ-TEMPEH

 REZEPT FÜR: 2 PERSONEN
ZUBEREITUNGSZEIT: 45 MINUTEN

Ihnen ist das alles zu gesund? Dann probieren Sie es mit diesem reichhaltigen, cremigen, knackigen Dill-Krautsalat mit klebrigem BBQ-Tempeh und BBQ-Chips! Dekadent? Mag sein, übertrifft trotzdem typische fettige Omnivoren-Grillkost um Längen.

1 Den Tempeh in etwa 1,5 cm große Streifen schneiden. Wer auf eine richtig effektvolle Präsentation abzielt, kann den Tempeh längs halbieren, dann in vier Stücke schneiden und die Stücke erneut diagonal zu Dreiecken schneiden. So oder so wird es umwerfend lecker.

2 Eine Eisenpfanne auf mittlerer Flamme erhitzen. Das Öl hineingeben, dann die Tempehstreifen darin auf beiden Seiten goldgelb braten. Dabei gelegentlich wenden. Wenn Ihre Pfanne eher klein ist, einfach Öl und Tempeh aufteilen und in zwei Portionen braten.

3 Die übrigen Tempehzutaten in einer Schüssel oder einem großen Messbecher verquirlen. Über den Tempeh in der Pfanne gießen und köcheln lassen, bis der Großteil der Flüssigkeit verkocht ist. Den Tempeh dabei gelegentlich wenden. Wenn Sie den Tempeh in zwei Portionen braten, die Hälfte der Soße für die zweite Portion aufbewahren. Anschließend den Tempeh zugedeckt beiseitestellen, damit er warm bleibt.

4 Alle Zutaten für den Krautsalat außer den Kartoffelchips in einer großen Schüssel vermischen. Dann in große Servierschüsseln geben, Tempeh darauf setzen, mit Kartoffelchips garnieren und zuschlagen!

BBQ-TEMPEH

225 g Tempeh

2 EL Olivenöl

160 ml Gemüsebrühe oder helles Bier

2 EL Tamari

2 gehäufter EL Tomatenmark

2 EL helle Melasse oder Ahornsirup

1 gehäufter EL cremige, ungesalzene, naturbelassene Erdnussbutter

2 TL flüssiges Raucharoma

DILL-KRAUTSALAT

400 g geraspelter grüner oder roter Kohl (oder eine Mischung)

1 große Möhre, gestiftelt

½ Bund grob gehackter frischer Dill

60 g fein geschnittene süße weiße Zwiebeln

250 ml Zurück-zur-Ranch-Dressing (Seite 17)

1 Handvoll vegane BBQ-Kartoffelchips, in Stücke gebrochen

THE SPIN — Falls Sie keine veganen BBQ-Chips finden können, nehmen Sie einfach beliebige rustikale, pikante Chips. Der Salat ist auch lecker mit ein paar Scheiben eingelegter Gurken.

SOMMER

HERBST

Der Herbst bringt die **LECKERSTEN** Salat-**ZUTATEN** für alle mit, die wie ich eine Schwäche für **HERZHAFTES** veganes Essen haben. Und mit den kürzeren Tagen und kälteren Temperaturen des Herbsts bekommt grünes **BLATTGEMÜSE** eine zweite willkommene Saison.

Wenn ich mich von den letzten Tomaten des Sommers verabschieden muss, will ich lachen und weinen – schließlich folgt darauf doch eine neue, aufregende Jahreszeit mit ihren knackigen Äpfeln, kältevertreibenden Winterkürbissen und herzhaftem Rosenkohl. Weiter geht's – mit Herbstsalaten!

BROKKOLI-ERDNUSS-REISSALAT MIT ZITRONENGRAS

 REZEPT FÜR: 2 PERSONEN
ZUBEREITUNGSZEIT: 20 MINUTEN, PLUS KOCHZEIT FÜR DEN REIS

Schwarzer Reis ist eine Schönheit, die sich in diesem Buch in zwei sehr unterschiedlichen Salaten wiederfindet. Sie können diesen vielseitigen Salat mit seinem süß-pikanten Schalotten-Dressing um 130 g gebackene Tofuwürfel ergänzen (siehe '70er Tofu auf Seite 45), aber mit dem herzhaft knackigen Brokkoli und den reichhaltigen Erdnüssen sind Sie womöglich schon voll und ganz bedient – zumindest bis Sie bereit für einen Nachschlag sind!

Schneller geht es, wenn Sie vom Vortag noch braunen Reis übrig haben. Die Erdnüsse können Sie in einer Küchenmaschine krümelig mahlen, oder auf altmodische Art mit Mörser und Stößel.

1 Das Wasser in einem großen Topf aufkochen. Reis und Salz einrühren und erneut aufkochen lassen. Abdecken, die Hitze reduzieren und etwa 40 Minuten köcheln lassen, bis der Reis weich und die Flüssigkeit vollständig verkocht ist. Den Herd abschalten, Deckel abnehmen und mit einer Gabel durchrühren. Zum Abkühlen beiseitestellen, während Sie den Rest des Salats zubereiten.

2 Die Brokkoliröschen vom Strunk trennen, dann in mundgerechte Stücke schneiden. Etwa 5 cm der Stängel entfernen und mit einem Gemüseschäler die äußere, härtere Haut abziehen. Anschließend die Stängel in etwa 1,5 cm große Würfel schneiden. Die Röschen und Würfel 2 bis 3 Minuten dampfgaren, bis der Brokkoli leuchtend grün, aber noch frisch und knackig ist. Mit kaltem Wasser abspülen, kurz überschüssiges Wasser abschütteln, dann in eine große Rührschüssel geben. Gekochten Reis, Frühlingszwiebeln, Koriander und Erdnüsse hinzugeben.

3 Jetzt das Dressing zubereiten: Die Schalotten in einer großen Pfanne auf mittlerer Flamme in Erdnussöl 5 Minuten anschwitzen, bis sie goldgelb sind. Zitronengras und Ingwer hinzugeben und weitere 2 Minuten braten, dann vom Herd nehmen. Limettensaft, Tamari, Zucker und Sriracha unterrühren. Das warme Dressing zu der Brokkoli-Reismischung gießen und alles mit einer Küchenzange durchmischen. Sofort servieren. Falls gewünscht, mit gemahlenen Erdnüssen garnieren.

REISSALAT

250 ml Wasser

100 g ungekochter schwarzer oder roter Reis

1 Prise Salz

450 g Brokkoli

grüne Anteile von 4 Frühlingszwiebeln, fein geschnitten

1 Bund frischer Koriander, gehackt

65 g geröstete Erdnüsse, grob gemahlen

ZITRONENGRAS-SCHALOTTEN-DRESSING

2 große Schalotten, gewürfelt

1 EL Erdnussöl

1 Stange Zitronengras, wie im Zutaten-Plausch (Seite 14) beschrieben zubereitet, oder 1 EL Zitronengras aus dem Glas

1 EL gehackter frischer Ingwer

60 ml frisch gepresster Limettensaft

2 EL Tamari

2 EL Kokosblütenzucker oder biologischer brauner Zucker

1 EL Sriracha

SMOKEHOUSE-KICHERERBSEN-SALAT

 REZEPT FÜR: 2 PERSONEN
ZUBEREITUNGSZEIT: 45 MINUTEN

Dieser Salat ist randvoll mit würzigen Räucherkammer-Aromen und begeistert mit einem Paprika-Dressing und lecker gerösteten Kichererbsen in einer milden, simplen Barbecue-Marinade. Wenn Sie Appetit auf eine ausgeglichene, köstliche Mahlzeit aus grünem Blattgemüse, pfannengerösteten Barbecue-Kichererbsen, cremiger Avocado und knackigem Gemüse haben, dann machen Sie diesen Salat!

1 Eine große Pfanne auf mittlerer Flamme erhitzen, dann das Olivenöl hineingeben und die Pfanne schwenken, um es gleichmäßig darin zu verteilen. Die Kichererbsen hinzugeben und etwa 6 Minuten im Olivenöl rösten, bis sie goldbraun sind. Tamari, Tomatenmark, Ahornsirup und flüssiges Raucharoma verquirlen, dann zu den Kichererbsen gießen. Die Hitze reduzieren und 4 Minuten unter ständigem Rühren köcheln lassen. Den Herd abschalten und die Kichererbsen abgedeckt beiseitestellen, damit sie warm bleiben.

2 Währenddessen das Blattgemüse in mundgerechte Stücke zupfen und in einer Salatschleuder waschen und trocknen. In eine große Salatschüssel geben, dann Zwiebel, Tomaten, Avocado und Möhren hinzugeben. Alle Dressingzutaten verquirlen und über den Salat gießen. Alles gut vermengen, dann den Salat auf Servierschüsseln verteilen.

3 Hefeflocken auf die warmen Kichererbsen streuen und unterheben. Die heißen Kichererbsen auf den Salat setzen und zum Schluss mit frisch gemahlenem schwarzem Pfeffer vollenden. Auftischen!

GERÖSTETE BBQ-KICHERERBSEN

- 2 EL Olivenöl
- 1 Dose (à 400 g) Kichererbsen, abgetropft und abgespült
- 1 EL Tamari
- 1 gehäufter EL Tomatenmark
- 1 EL Ahornsirup
- 1 TL flüssiges Raucharoma (am besten Hickory)
- 2 EL Hefeflocken

SALAT

- 200 g Babyspinat oder gemischter Salat
- 1 rote Zwiebel, fein geschnitten
- 175 g Kirschtomaten, halbiert
- 1 große, reife Avocado, gewürfelt
- 100 g Möhren, gestiftet
- frisch gemahlener schwarzer Pfeffer, nach Belieben

PAPRIKA-RAUCH-DRESSING

- 2 EL Apfelessig
- 1 EL Olivenöl
- 1 Schalotte, gehackt
- 1 EL Ahornsirup
- 1 ½ TL geräuchertes Paprikapulver, edelsüß oder scharf
- ½ TL Rauchsalz oder gewöhnliches Salz

ERNTESALAT MIT PILZEN, GRAUPEN & ROSENKOHL

REZEPT FÜR: 2 PERSONEN
ZUBEREITUNGSZEIT: 45 MINUTEN, PLUS KOCHZEIT FÜR DIE GRAUPEN

Eine rustikale, warme Mahlzeit mit marinierten Perlgraupen, geraspeltem Rosenkohl und einem Topping aus zarten, geschmorten Pilzen für wahrhaft köstliches Herbstschlemmen. Frische Shiitake oder dick geschnittene Austernpilze sind eine tolle Alternative zu Champignons; sie sind schneller gar, also ein paar Minuten kürzer schmoren.

Das cremige Ahorn-Senf-Dressing (Seite 18) passt perfekt zu diesem mild gewürzten Salat.

1 Wasser und Salz in einem großen Topf aufkochen. Graupen hineingeben und 2 Minuten kochen. Dann die Hitze reduzieren, Deckel auf den Topf setzen und die Graupen 40 bis 50 Minuten langsam köcheln lassen, bis das Wasser vollständig aufgenommen wurde. Vom Herd nehmen und mit einer Gabel auflockern. Zum Abkühlen beiseitestellen, während Sie den Rest des Salats zubereiten.

2 Mit einem feuchten Tuch die Pilzkappen vorsichtig abtupfen, um Schmutz zu entfernen. Die Stiele entfernen. Olivenöl in einer großen Pfanne auf mittlerer Flamme erhitzen, die Pilze mit den Lamellen nach unten hineingeben und 2 Minuten schmoren. Wenden und eine weitere Minute schmoren, dann noch einmal wenden. Wein, Tamari und Oregano hinzugeben und die Flüssigkeit aufkochen lassen. Die Pfanne locker abdecken, die Hitze reduzieren und die Pilze schmoren, bis der Großteil der Flüssigkeit aufgenommen wurde. Den Herd abschalten und die Pilze abgedeckt beiseitestellen, damit sie warm bleiben.

3 Während die Pilze in der Pfanne schmoren, die Zutaten für das Dressing in einer großen Schüssel verrühren. Rosenkohl hineingeben und das Dressing 2 Minuten in den Kohl massieren, bis er zart wird. Frühlingszwiebeln, Cranberrys und Walnüsse hinzugeben, dann die noch warmen Graupen untermengen.

4 Die Pilze in etwa 1,5 cm große Streifen schneiden. Die Graupenmischung in Servierschüsseln geben, die Pilzstreifen darauf anrichten und mit Schnittlauch und frisch gemahlenem schwarzem Pfeffer servieren.

GRAUPEN

300 ml Gemüsebrühe oder Wasser

¼ TL Salz (weglassen, wenn Sie Brühe verwenden)

60 g ungekochte Perlgraupen

GESCHMORTE CHAMPIGNONS

2 Riesenchampignons (Portobello-Pilze)

2 EL Olivenöl

60 ml Weißwein oder Gemüsebrühe

2 EL Tamari

großzügige Prise getrockneter Oregano

DRESSING

2 EL Dijon-Senf

1 EL Olivenöl

1 EL frisch gepresster Zitronensaft

1 EL Ahornsirup

1 Schalotte, gehackt

1 TL getrockneter Thymian

½ TL Salz

¼ TL Cayennepfeffer

SALAT

225 g Rosenkohl, fein geschnitten oder geraspelt

grüne und weiße Anteile von 4 Frühlingszwiebeln, gehackt

70 g getrocknete Cranberrys

2-3 EL geröstete Walnüsse, gehackt

2 EL frischer Schnittlauch, gehackt

großzügige Prise frisch gemahlener schwarzer Pfeffer

ROSENKOHLSALAT MIT GEGRILLTEN MISO-ÄPFELN

  REZEPT FÜR: 2 PERSONEN
ZUBEREITUNGSZEIT: 30 MINUTEN

Diese süßen gegrillten Äpfel in einem herzhaften Ahorn-Miso-Dressing auf massiertem Rosenkohl werden Ihr Leben verändern – oder zumindest Ihre Einstellung zu Rosenkohl. Dieses Rezept funktioniert auch roh: Einfach das Grillen überspringen und die gewürfelten Äpfel gemeinsam mit den Frühlingszwiebeln untermischen.

1 Wenn Sie das Dressing noch nicht vorbereitet haben, dann wird es jetzt aber Zeit! Eine gusseiserne Grillpfanne auf mittlerer Flamme erhitzen. Trennspray oder etwas Öl und einen hitzebeständigen Pinsel (ein Silikonpinsel ist ideal) bereitstellen.

2 Die Äpfel entkernen, aber nicht schälen, und in etwa 1,5 cm große Spalten schneiden. Im Zitronensaft wenden, damit sie nicht braun werden. 3 Esslöffel des Dressings zu den Äpfeln geben und alles vermengen. Die Grillpfanne mit dem Trennspray besprühen. Die Apfelspalten in einer Lage beidseitig jeweils drei Minuten darin anbraten, bis sie etwas zarter geworden, aber immer noch fest sind. Dabei ein- oder zweimal mit dem Dressing bepinseln und einmal wenden. Die gegrillten Äpfel auf einen Teller legen.

3 Den Rosenkohl in einer Küchenmaschine mit der großen Klinge raspeln. Gegebenenfalls die einzelnen Röschen halbieren, damit sie durch die Einfüllöffnung passen. Den geraspelten Rosenkohl in eine Schüssel geben und 60 ml Dressing dazugeben. Mit den Händen das Dressing etwa 2 Minuten lang in den Kohl einmassieren, bis er zart wird, aber noch knackig frisch ist. Dann die Frühlingszwiebeln untermengen.

4 Den Rosenkohl in Servierschüsseln geben, die Äpfel darauf anrichten und mit gerösteten Walnüssen garnieren. Das übrige Dressing kann am Tisch herumgereicht werden. Guten Appetit!

- 1 × Magisches Miso-Dressing (Seite 29)
- 450 g feste, herbe Kochäpfel (ca. 2 sehr große Äpfel)
- 2 EL frisch gepresster Zitronensaft
- 450 g Rosenkohl
- grüne Anteile von 4 Frühlingszwiebeln, fein gehackt
- 3 EL geröstete Walnüsse, gehackt

HERBST

 Im Rezept wird der Rosenkohl mit einer Küchenmaschine geraspelt, aber die Raspel sehen hübscher aus, wenn Sie sie von Hand schneiden. Probieren Sie es aus! Dafür die Röschen halbieren, auf das Schneidebrett legen und so fein wie möglich schneiden. Wenn Sie die Streifen anschließend mit den Fingern auseinander zupfen, sehen sie aus wie fedrige Schnipsel. Die Küchenmaschine hingegen verarbeitet den Kohl zu Konfetti.

SCHWARZER REIS MIT KIMCHI UND NASHI

REZEPT FÜR: 3 ODER MEHR PERSONEN
ZUBEREITUNGSZEIT: ETWA 1 STUNDE

Ein sensationelles, koreanisch inspiriertes Gericht mit eisgekühlten, knackigen Nashi-Birnen und schwarzem Reis, die perfekt zum pikant-scharfen, saftigen Kimchi passen. Für eine komplexere Mahlzeit mit einem Extraschub Eiweiß geben Sie kühlen, gewürfelten '70er-Tofu (Seite 45) dazu!

1. Reis, Wasser und Salz in einem großen Topf auf mittlerer Flamme aufkochen. Einmal kurz umrühren, dann die Hitze reduzieren. Deckel auf den Topf setzen und 30 Minuten köcheln lassen, bis die Flüssigkeit vollständig aufgenommen wurde. Vom Herd nehmen, und den Reis mit einer Gabel etwas auflockern, dann zum Abkühlen beiseitestellen, während Sie sich um die restlichen Zutaten kümmern.

2. Die übrigen Salatzutaten vorbereiten, dann alles (bis auf die Nori-Streifen) in eine Schüssel geben. Den Reis hinzugeben. Die Zutaten für das Dressing verquirlen und unter den Salat heben. Anschließend den Salat auf Servierschüsseln verteilen und mit Nori garnieren.

THE SPIN — Nashi-Birnen werden wie die meisten Früchte nach dem Anschneiden schnell braun. Diesen Salat sollten Sie vor dem Essen am besten kurz kalt stellen, aber wenn Sie länger als eine Stunde warten möchten, sollten Sie die gewürfelte Nashi erst in einem Esslöffel Zitronensaft wenden, bevor Sie sie unter den restlichen Salat mischen.

WAS IST KIMCHI?

Kimchi ist eine Grundzutat der koreanischen Küche, die typischerweise unter Verwendung von Fischsoße oder getrockneten Shrimps hergestellt wird. Er ist aber so irre beliebt, dass 100 % veganer hochwertiger Kimchi in Naturkostläden normalerweise ohne Weiteres aufzutreiben ist. Setzen Sie für diesen Salat ein Sieb in eine Schüssel und lassen Sie den Kimchi 10 Minuten darin abtropfen. Hin und wieder auspressen, um noch mehr Flüssigkeit zu entfernen. Die aufgefangene Flüssigkeit nicht wegschütten, sondern im Dressing verwenden!

KIMCHI-REISSALAT

- 200 g ungekochter schwarzer Reis
- 300 ml Wasser
- ¼ TL Salz
- 1 Nashi-Birne, entkernt und gewürfelt (nicht schälen!)
- 300 g veganer Kimchi, ausgepresst und gehackt
- 130 g gewürfelter gebackener Tofu (z. B. '70er-Tofu, Seite 45)
- 150 g tiefgekühlte geschälte Edamame, nach Packungsanweisung zubereitet und mit kaltem Wasser abgespült
- grüne Anteile von 4 Frühlingszwiebeln, gehackt
- 3 EL geröstete Mandelsplitter
- 1 Blatt geröstete Nori-Alge, in sehr feine Streifen geschnitten, zum Garnieren*

KIMCHI-VINAIGRETTE

- 60 ml Kimchi-Flüssigkeit (beim Kimchi-Auspressen auffangen!)
- 1 EL Reisessig
- 2 TL Agavendicksaft
- 1 EL Sojasoße
- 1 TL fein gehackter frischer Ingwer
- 1 TL geröstetes Sesamöl

*Nori ist das, was auch zum Einwickeln von Sushi verwendet wird. Es gibt Nori in Asialäden und überall, wo Sie Sushi-Zutaten kaufen können.

ITALIENISCHER HOCHZEITS-GETREIDESALAT

REZEPT FÜR: 2 PERSONEN
ZUBEREITUNGSZEIT: 60 MINUTEN

Dieser Salat war zwar noch nie auf einer richtigen italienischen Hochzeit, aber ich liebe herzhaftes Getreide in norditalienischen Gerichten. Inspiriert wurde dieser Salat von den gewaltigen Gemüsesuppen (die hier als italienische Hochzeitssuppen bekannt sind), in denen normalerweise Pasta oder Getreide und duftendes Basilikum zum Einsatz kommen. In diesem frühherbstlichen Rezept lege ich mit knusprigen Pinienkernen und Unmengen an frisch geröstetem Knoblauch, der so süß ist, dass er glatt als Süßigkeit durchgehen könnte (Knoblauch-Bonbons?), noch einen drauf, um aus den letzten sommerlichen Tomaten, Zucchini und Basilikum noch einmal alles rauszuholen.

1 Getreide abspülen, dann mit Wasser und Salz in einen Topf geben. 5 Minuten kochen lassen, dann die Hitze reduzieren und weitere 20 Minuten köcheln lassen, bis das Getreide gar ist. 60 Milliliter des Kochwassers auffangen, den Rest abgießen. Getreide zum Abkühlen beiseitestellen, während Sie die restlichen Zutaten zubereiten. Alternativ können Sie es am Abend vorher kochen und bis zur Verwendung kalt stellen.

2 Die aufgefangene Kochflüssigkeit mit den Zutaten für das Dressing in einem Mixer oder einer Küchenmaschine glatt pürieren.

3 Getreide, Kichererbsen, Tomaten, Zucchini, Petersilie, Pinienkerne und Dressing in eine Schüssel geben und vermengen. Abdecken und 10 Minuten ruhen lassen, damit sich die Aromen voll entfalten und vermischen können. Dann, falls gewünscht, vor dem Servieren beliebig garnieren.

GETREIDE-SALAT
- 90 g ungekochtes Getreide (Emmer-, Dinkel- oder Einkorn)
- 750 ml Wasser
- ¼ TL Salz

DRESSING
- 1 kleines Bund frische Basilikumblätter, aufgerollt und in Streifen geschnitten, plus mehr zum Garnieren
- 3 EL Balsamicoessig (am besten weißer)
- 1 EL Olivenöl
- 6 geröstete Knoblauchzehen (siehe Kasten), plus mehr zum Garnieren, oder 2 rohe Knoblauchzehen
- 2 TL getrockneter Thymian
- 1 TL getrockneter Oregano
- ½ TL Salz

SALAT
- 1 Dose (à 400 g) Kichererbsen, abgetropft und abgespült
- 225 g reife Tomaten, entkernt und gewürfelt
- 225 g Zucchini oder gelber Sommerkürbis, fein gewürfelt
- 1 Bund glatte Petersilie, gehackt
- 80 g geröstete Pinienkerne

GERÖSTETER KNOBLAUCH BIS ZUM UMFALLEN

Rösten Sie Knoblauchzehen eimerweise! 150 g geschälte Knoblauchzehen in eine Backform geben und mit 2 EL Olivenöl vermengen. Bei 200° Celsius 20 bis 25 Minuten rösten, bis der Knoblauch tiefbraun und butterzart ist. Dabei gelegentlich wenden. Der geröstete Knoblauch kann in jedem beliebigen Dressing verwendet oder im Ganzen unter Salate gemischt werden.

FEIGEN-TEMPEH-SALAT AN CREMIGEM KORIANDER-LIMETTEN-DRESSING

 REZEPT FÜR: 3 BIS 4 PERSONEN
ZUBEREITUNGSZEIT: ETWA 45 MINUTEN

Sie lieben frische Feigen, ich liebe frische Feigen – wie könnten wir ihre viel zu kurze Saison besser zelebrieren als mit Salat und einem cremigen Koriander-Limetten-Dressing? Orangen-Ahorn-Tempeh und geröstete Walnüsse bringen Eiweiß mit und runden diese unerwartete Fusion herbstlicher Aromen gekonnt ab.

1 Als Erstes das Dressing zubereiten und kalt stellen. Währenddessen den Tempeh zubereiten, dann die Pfanne abdecken und beiseitestellen, damit der Tempeh warm bleibt.

2 Rucola und Radicchio großzügig auf große Servierschüsseln verteilen. Die Feigen waschen, trocknen und halbieren, dann auf den Salat setzen. Tempeh hinzugeben und etwa die Hälfte des Dressings darüber träufeln. Mit Walnüssen und frisch gemahlenem schwarzem Pfeffer garnieren. Das restliche Dressing am Tisch herumreichen.

1 × Cremiges Koriander-Limetten-Dressing (Seite 25)

1 × Orangen-Ahorn-Tempeh (Seite 46)

100 g Rucola

1 kleiner Radicchio, in 6 mm breite Streifen geschnitten

8 bis 10 schwarze oder grüne Feigen

3 EL geröstete Walnüsse, gehackt

frisch gemahlener schwarzer Pfeffer

HeRBST

MONTAGABEND-REISSALAT MIT ROTEN BOHNEN

GF

REZEPT FÜR: 2 PERSONEN
ZUBEREITUNGSZEIT: 50 MINUTEN

Rote Kidneybohnen und bissfester brauner Basmatireis mit einem pikanten Paprika-Dressing! Dieses Rezept ist eine Abwandlung des für New Orleans typischen Gerichts aus roten Bohnen und Reis, das traditionell an Montagabenden gegessen wird. Der Reis wird hier wie Pasta zubereitet; er wird mit Lorbeerblättern in reichlich Wasser gekocht, dann abgegossen. So erhalten Sie lange, zarte Basmatireiskörner. Schneiden Sie den Staudensellerie in lange, dünne diagonale Streifen und die grüne Paprikaschote in sehr kleine Würfel, um die Bitterstoffe zu zähmen.

1 Wasser und Salz in einem großen Topf aufkochen, dann Reis und Lorbeerblätter hineingeben. 35 bis 45 Minuten kochen, bis der Reis gar, aber nicht matschig ist. Das Kochwasser durch ein Sieb abgießen, dann den Reis zum Abkühlen im Sieb beiseitestellen. Hin und wieder mit einer Gabel auflockern, während Sie den Rest des Salats zubereiten.

2 Kidneybohnen in eine große Rührschüssel geben. Sellerie, Paprika, Tomaten und den abgekühlten Reis hinzugeben.

3 Alle Pestozutaten in eine Küchenmaschine geben und mit der Pulse-Funktion zu einer dicken Paste verarbeiten. Zum Salat geben und unterheben; dann 20 Minuten kalt stellen, damit die Aromen verschmelzen können. Gekühlt oder bei Zimmertemperatur servieren.

THE SPIN — Ungekochte grüne Paprikas sind nicht unbedingt jedermanns Sache, da sie leicht bitter schmecken können. Für einen süßlicheren Salat können Sie stattdessen Cubanelle-Chilis (kegelförmige, hellgrüne Schoten, die auch manchmal als italienische Paprikas bezeichnet werden) oder gelbe, orange oder rote Paprikaschoten verwenden. Dieser Salat schmeckt am besten, wenn er vor dem Essen eine Weile kalt gestellt wird. Wenn Sie Zeit haben, stellen Sie ihn über Nacht in den Kühlschrank, damit sich die Aromen voll entfalten können.

BOHNEN UND REISSALAT

1 l Wasser

½ TL Salz

100 g ungekochter brauner Basmatireis

2 Lorbeerblätter

1 Dose (à 400 g) rote Kidneybohnen, abgetropft und abgespült

2 Stangen Staudensellerie, fein diagonal geschnitten

70 g fein gewürfelter grüner Paprika

275 g Kirschtomaten, halbiert

CAJUN-PESTO

1 Handvoll glatte Petersilie, nur Blätter

3 EL Rotweinessig

4 TL Olivenöl

2 TL Kokosblütenzucker oder biologischer brauner Zucker

2 Knoblauchzehen, gehackt

2 TL geräuchertes Paprikapulver, edelsüß, scharf oder eine Mischung

1 TL getrockneter Oregano

1 TL getrockneter Thymian

½ TL Selleriesamen

½ TL frisch gemahlener schwarzer Pfeffer

¼ TL Cayennepfeffer

½ TL Salz

KNACKIGE MANDELFALAFEL-BOWL

REZEPT FÜR: 3 BIS 4 PERSONEN
ZUBEREITUNGSZEIT: 45 MINUTEN

Ich esse diese leckeren frittierten Kichererbsen-Bällchen am liebsten als Falafelsalat mit einer großzügigen Portion Tahina-Soße. In dieser leichteren, gebackenen Variante werden die Falafeln mit Mandelsplittern verfeinert – für den ultimativen, nussigen Biss. Mit Pita-Croutons (Variation meiner klassischen Croutons, Seite 39) oder ausnahmsweise mit knusprigen Pita-Chips aus dem Laden garnieren.

1 Den Backofen auf 190° Celsius vorheizen und ein Backblech mit Backpapier auslegen. Das Backpapier dünn mit Olivenöl (flüssig oder als Spray) einfetten. Alle Falafelzutaten außer den Mandeln in einer Küchenmaschine zu einer dicken, groben Paste verarbeiten. Gegebenenfalls hin und wieder anhalten und die Masse mit einem Silikonspatel von den Seiten nach unten streichen. Anschließend die Mischung in eine Schüssel geben und bei Bedarf mit mehr Salz abschmecken. Die Hälfte der Mandeln unterheben.

2 Mit einem kleinen Eisportionierer (am besten einem mit Hebel für superschnelles Herauslöffeln) den Falafelteig zu kleinen Kugeln formen und auf das Backblech setzen. Die übrigen Mandeln in die Falafeln drücken, dann die Kugeln großzügig mit Olivenöl bestreichen bzw. besprühen. 25 bis 30 Minuten backen, bis die Falafeln außen goldbraun und knusprig und innen sehr heiß sind.

3 Während die Falafeln im Ofen sind, die Tahina-Soße zubereiten. Gurke, Tomate, Zwiebel, Petersilie und Blattsalat vermischen. Anschließend in eine große Servierschüssel geben, die heißen Falafeln darauf setzen, dann das Ganze mit ein paar Esslöffeln Tahina-Soße beträufeln und mit Sumak berieseln. Die restliche Tahina-Soße in eine Schale geben und am Tisch herumreichen.

THE SPIN Sumak oder Sumach ist ein einzigartiges, nahöstliches Gewürz, das aus den getrockneten Steinfrüchten der Sumachpflanze hergestellt wird. Es ist tief burgunderrot und hat einen lebhaften süß-sauren, beinahe salzigen Geschmack. Es ist in jedem gut sortierten Gewürzladen erhältlich und kann direkt auf Salate, insbesondere zum Beispiel Gurken- oder Tomatengerichte, gestreut werden.

GEBACKENE FALAFELN

Olivenöl (flüssig oder als Spray)

1 kleines Bund glatte Petersilie

½ kleines Bund frischer Koriander, nur Blätter

4 Knoblauchzehen, gehackt

1 Dose (à 400 g) Kichererbsen, abgetropft und abgespült

2 EL gemahlene Leinsamen

2 EL Olivenöl

1 TL gemahlener Kreuzkümmel

1 TL gemahlener Koriander

¼ TL Backnatron

½ TL Salz

60 g Mandelsplitter

GEHACKTER BLATTALAT

1 × Zitronen-Tahina-Dressing (Seite 19)

4 persische Gurken, gewürfelt

225 g Tomaten, entkernt und gewürfelt

1 kleine rote oder süße weiße Zwiebel, gewürfelt

½ kleines Bund frische glatte Petersilie, grob gehackt

200 g gehackter Römersalat oder gemischter Salat

2 EL Sumakpulver (optional, aber köstlich!)

MÖHREN-HARISSA-FALAFEL

Wenn Sie die Mandeln unterheben, mit den Händen ebenfalls 200 g fein geraspelte Möhren und 1 bis 2 Teelöffel Harissa-Soße unter den Falafelteig mischen.

HERBST

KNACKIGE KOHL-&-SÜSSKARTOFFEL-BOWL

 REZEPT FÜR: 2 PERSONEN
ZUBEREITUNGSZEIT: 30 MINUTEN

Seit der Entstehung dieses Rezepts kann ich von dieser Megabowl aus herbstlichen, gerösteten Süßkartoffeln, schwarzen Bohnen, knackigem rohen Kohl und mit Sriracha glasierten Pekannüssen gar nicht mehr genug bekommen. Es ist die ultimative südamerikanische Seelennahrung für Tage, an denen Ihnen nach etwas Deftigem ist! Wenn roher Kohl nicht Ihre Sache ist, können Sie ihn in einem Wok kurz (weniger als eine Minute) scharf anbraten, um die Blätter aufzuhellen und die natürlich vorkommenden Bitterstoffe zu bezwingen – aber nicht totkochen! Halten Sie sich fest, denn der Gegensatz aus den knackigen Kohlblättern und zart gegarten Süßkartoffeln, erdigen Bohnen und bissigen glasierten Pekannüssen haut Sie garantiert vom Hocker.

1 Den Backofen auf 200° Celsius vorheizen und ein Backblech mit Backpapier auslegen. Die Süßkartoffelwürfel auf dem Backpapier mit Olivenöl vermengen. 20 bis 25 Minuten rösten, bis die Würfel weich und bräunlich sind. Dabei gelegentlich wenden. Wenn die Kartoffeln fertig sind, den Backofen abschalten und die Tür einen Spalt öffnen. Die Kartoffeln im Ofen lassen, damit sie bis zum Servieren warm bleiben.

2 Die Kohlstiele entfernen, indem Sie das Blatt in der Mitte falten und die dicken, harten Anteile der Stängel wegschneiden. Anschließend die Blätter aufstapeln, dicht aufrollen, dann in 1,5 cm breite (oder noch feinere) Streifen schneiden. Die Streifen in eine Salatschleuder geben, waschen und trocknen. Anschließend mit den schwarzen Bohnen, Frühlingszwiebeln und Pekannüssen in eine große Schüssel geben.

3 Die Zutaten für die Vinaigrette verquirlen. Kurz vor dem Servieren die warmen Süßkartoffelwürfel zum Salat geben und das Dressing dazu gießen. Alles kurz durchmischen, dann sofort servieren.

450 g Süßkartoffeln (etwa eine 20 cm große Kartoffel), abgeschrubbt und in 1,5 cm große Würfel geschnitten

2 TL Olivenöl

450 g Blattkohl

165 g gekochte schwarze Bohnen, abgetropft und abgespült

grüne Anteile von 4 Frühlingszwiebeln, fein geschnitten

100 g Rauchige Sriracha-Pekannüsse (Seite 34)

RAUCHIGE ORANGEN-VINAIGRETTE

60 ml frisch gepresster Orangensaft

1 EL Olivenöl

1 EL Apfelessig

1 EL Ahornsirup

¾ TL geräuchertes Paprikapulver, edelsüß

½ TL Salz

KOKOS-SAMOSA-KARTOFFELSALAT

 REZEPT FÜR: 2 BIS 4 PERSONEN
ZUBEREITUNGSZEIT: CA. 1 STUNDE

Ein herzhafter Kartoffel-Erbsensalat mit einem warmen Curry-Dressing und einer Garnierung aus Cashewkernen und gerösteten Papadams (knusprige indische Fladen). Dieses Rezept erinnert geschmacklich an Samosas – typisch indische frittierte und gefüllte Pasteten. Dieser Salat ist zu jeder Jahreszeit köstlich, aber macht sich besonders gut als kräftigende Nervennahrung an kühleren Herbsttagen.

1 Kartoffeln entweder schälen oder gründlich abschrubben, bis kein Schmutz mehr an ihnen haftet, und die Augen herausschneiden. In 2,5 cm große Würfel schneiden, in einen großen Topf geben und mit 7 bis 8 cm Wasser bedecken. Auf hoher Flamme aufkochen lassen, dann die Hitze reduzieren und 25 Minuten köcheln lassen, bis die Kartoffeln gar sind und Sie mühelos eine Gabel hineinstechen können.

2 Etwa 2 Minuten, bevor die Kartoffeln gar sind, die Erbsen hinzugeben und mitkochen, bis sie leuchtend grün, aber noch fest sind. Das Wasser abgießen und Kartoffeln und Erbsen zum Abkühlen beiseitestellen.

3 Das Dressing zubereiten: Öl in einem kleinen Topf auf mittlerer Flamme erhitzen. Curryblätter hineingeben und etwa 1 Minute anbraten, bis sie knusprig werden. Dann den Herd abschalten. Currypulver unterrühren und im Öl leicht anbraten, dann 1 Minute zum Abkühlen beiseitestellen. Anschließend Limettensaft, Cayennepfeffer und Salz unterrühren.

4 Kartoffeln und Erbsen in eine große Servierschüssel geben und Kichererbsen, Zwiebel, Koriander, Minze und Cashewkerne hinzugeben. Das Dressing darüber gießen und alles gut vermengen. Mit Kokosnuss und zerbröselten Papadams garnieren und mit etwas Garam Masala würzen. Auftischen!

THE SPIN: Für die gerösteten Papadams einen Fladen mit einer langen Metallzange zwei cm über eine kleine Flamme halten, bis die Oberfläche Bläschen bildet und knusprig wird. Wenden und erneut gleichmäßig über die Flamme bewegen. Die Papadams sind fertig, wenn sie überall schön knusprig sind.

KARTOFFELSALAT

900 g Russet-Kartoffeln

150 g frische oder tiefgefrorene Erbsen

185 g gekochte Kichererbsen

1 rote Zwiebel, fein gewürfelt

1 ½ kleine Bunde frischer Koriander, gehackt

½ kleines Bund frische Minze, gehackt

100 g geröstete, ungesalzene Cashewkerne, gehackt

WARMES CURRY-DRESSING

3 EL mildes Pflanzenöl, z. B. Traubenkernöl

6 Curryblätter, grob gehackt (falls Sie keine auftreiben können, einfach weglassen)

4 TL mildes oder scharfes Currypulver

75 ml frisch gepresster Limettensaft

½ TL Cayennepfeffer

½ TL Salz

GARNIERUNG

2 große Handvoll vorsichtig zerbröselte geröstete Papadams

40 g geröstete, ungesüßte Kokosnussflocken (siehe Ost-West-Salat mit geröstetem Mais, Seite 77, für Tipps zum Rösten von Kokosnussflocken)

1 EL Garam Masala

SÜSSKARTOFFEL-MASALA-SALAT

Die Süßkartoffeln abschrubben, mundgerecht würfeln, gar kochen und abtropfen lassen. Den restlichen Salat wie beschrieben zubereiten.

HASELNUSS-SHIITAKE-BUTTERNUSS-SALAT

REZEPT FÜR: 3 BIS 4 PERSONEN
ZUBEREITUNGSZEIT: CA. 50 MINUTEN

DER ultimative Herbstsalat: richtig „fleischige" geröstete Pilze, schmelzend zarter Butternusskürbis, geröstete Haselnüsse und saftige Birnen in einer malzigen Ahorn-Vinaigrette (dazu ein Hauch Rauchsalz, wenn Sie das mögen) mit einem Touch süß-pikantem Aleppo-Pfeffer! Ganz egal, welche Jahreszeit es ist – dieser Salat weckt Tagträume von frischen Herbsttagen und kühlen Nächten.

1 Den Backofen auf 200° Celsius vorheizen und ein großes Backblech mit Backpapier auslegen. Den Kürbis mit einem Gemüseschäler schälen, Kerne entfernen und das Kürbisfleisch in 2,5 cm große Würfel schneiden. Auf das Backblech geben, mit 1 EL des Olivenöls beträufeln, etwas Salz dazu rieseln und alles kurz durchmischen. In einer Lage auf dem Backblech ausbreiten und 20 Minuten im Ofen rösten. Dabei hin und wieder durchmischen.

2 Währenddessen die Pilze putzen und die harten Anteile der Stiele entfernen. Anschließend mit dem übrigen Olivenöl und der Tamari vermengen.

3 Wenn der Kürbis 20 Minuten im Ofen war, das Blech herausnehmen und etwa ein Drittel darauf frei machen, indem Sie die Kürbiswürfel zur Seite schieben. Die Pilze locker in einer Lage auf dem Backblech verteilen und das Blech anschließend wieder in den Ofen schieben. Weitere 10 bis 15 Minuten rösten, bis der Kürbis sehr weich ist und die Pilze tiefbraun sind.

4 Kürbis und Pilze beiseitestellen und etwas abkühlen lassen. Währenddessen die Zutaten für das Dressing verquirlen. Pilze und Kürbiswürfel in eine Schüssel geben, dann die Salatblätter, Frühlingszwiebeln, Birne und Haselnüsse hinzugeben. Das Dressing unter den Salat mischen und sofort servieren!

KÜRBISSALAT

450 g Butternusskürbis (etwa ein halber kleiner Kürbis)

2 EL Olivenöl

½ TL Rauchsalz oder gewöhnliches Salz

280 g Shiitake

2 EL Tamari

70 g Rucola oder Entspannter Grünkohlsalat (Seite 31)

grüne Anteile von 3 Frühlingszwiebeln, fein geschnitten

1 knackige Boscs Flaschenbirne, entkernt und gewürfelt

90 g geröstete Haselnüsse, grob gehackt

DRESSING

2 EL Malzessig (für ein glutenfreies Dressing stattdessen Balsamicoessig verwenden)

4 TL geröstetes Haselnussöl oder Olivenöl

4 TL Ahornsirup

1 TL Aleppo-Pfeffer oder ¼ TL Cayennepfeffer

½ TL Rauchsalz oder gewöhnliches Salz

frisch gemahlener schwarzer Pfeffer, nach Belieben

CURRY-KÜRBIS-KOHL-WRAPS

 REZEPT FÜR: 4 ODER MEHR WRAPS
ZUBEREITUNGSZEIT: 45 MINUTEN, PLUS GARZEIT FÜR DEN KÜRBIS

Kohlwrap-„Sandwiches" sind eine tolle Art und Weise, herzhafte Sandwichbeläge zu vertilgen, ohne sie in die längst ausgedienten herkömmlichen Wraps wickeln zu müssen. Diese Kombo wartet mit einem Curry-Kürbis-„Frischkäse", gebackenem Tofu, spritzigen eingelegten Trauben, Äpfeln und Walnüssen auf und ist zum Umfallen lecker und macht auch noch ordentlich satt. Anders als Blattsalate können Sie diese Wraps schon morgens vollständig zubereiten, im Kühlschrank aufbewahren und dann tagsüber genießen.

1 Die Cashewkerne 30 Minuten im heißen Wasser einweichen. Die Flüssigkeit abgießen, die Cashews in einen Mixer geben. Wenn Sie einen sehr leistungsstarken Mixer haben, können Sie sich das Einweichen sparen; dann einfach zu einem feinen Pulver verarbeiten. Anschließend Zitronensaft, Öl, Knoblauch, Ingwer, Ahornsirup, Curry und Salz hinzugeben und alles glatt pürieren.

2 Die pürierte Cashewmasse in eine Schüssel geben. Den zerstampften Kürbis hinzugeben und mit einem Silikonspatel untermengen, sodass eine cremige Mischung entsteht. Abdecken und bis zur Verwendung kalt stellen.

3 Währenddessen die Kohlblätter vorbereiten. Stiele abschneiden und Blätter wenden (die glänzende Seite nach unten), dann mit einem Messer die festeren Stängelanteile am unteren Blattansatz entfernen. (Dadurch wird das Aufrollen der Blätter viel einfacher.)

4 Eine große Rührschüssel zur Hälfte mit warmem Wasser füllen, das koschere Salz einrühren und die Blätter darin einweichen, während Sie den Rest des Rezepts zubereiten. Vor der Verwendung die Blätter trocken tupfen. Sie können diesen Schritt auch überspringen; dann einfach die Blätter waschen und vor Verwendung trocken tupfen.

5 Tofu und Apfel in 1,5 cm breite Streifen schneiden. Die Sprossen kurz abspülen und trocken tupfen.

6 Zeit zum Aufrollen! Etwas Curry-Cashewcreme auf dem unteren Drittel eines Kohlblatts verstreichen. Tofu, Äpfel und Sonnenblumensprossen darauf setzen, dann Walnüsse und Trauben hinzugeben. Jetzt wie einen Burrito aufrollen: Die langen Seiten zuerst einschlagen, dann von unten her aufrollen. Sofort verschlingen oder einwickeln, kalt stellen und später essen!

KÜRBIS-CURRY-CASHEW-CREME

130 g ungeröstete Cashewkerne

125 ml heißes Wasser

2 EL frisch gepresster Zitronensaft

1 EL Olivenöl

1 Knoblauchzehe, geschält

2 TL gehackter frischer Ingwer

2 TL Ahornsirup

1 ½ TL Currypulver

¾ TL Salz

125 g gekochter, geschälter und zerstampfter Kabocha-Kürbis oder ein anderer Kürbis (ca. 225 g frischer Kürbis) *

WRAPS

4 oder mehr sehr große Kohlblätter

1 EL koscheres Salz

1 × Ginger-Beer-Tofu (Seite 44) oder '70er Tofu (Seite 45), oder 225 g gebackener Tofu aus dem Laden

1 großer roter oder grüner Apfel, entkernt

260 g Sonnenblumensprossen

50 g gehackte geröstete Walnüsse

150 g „Eingelegte" rote Weintrauben (Seite 40) oder frische rote Weintrauben, halbiert

*Kabocha-Kürbis garen: Halbieren, die Kerne herauskratzen und mit der angeschnittenen Seite nach unten auf ein mit Alufolie ausgelegtes Backblech legen. Im vorgeheizten Backofen bei 200° Celsius 25 Minuten backen, bis Sie mühelos eine Gabel in den Kürbis stechen können. Vor Zubereitung der Creme abkühlen lassen.

HERBST

WINTER

IN KALTEN KLIMAZONEN WECKT DER WINTER IN UNS NICHT UNBEDINGT DIE LUST AUF SALAT. ABER MITTE JANUAR TRÄUMEN SIE, EGAL WO SIE SIND, BESTIMMT HIN UND WIEDER VON KNACKIGEM UND FRISCHEM SALAT, DER DIE SEELE NÄHRT.

Egal wie – wir müssen der endlosen Parade schwerer Eintöpfe und Aufläufe Einhalt gebieten! Darf ich vorstellen: der Wintersalat – die glorreiche Verschmelzung spätherbstlichen Obsts und Gemüses (Kohl, Äpfel und Süßkartoffeln) mit den ganzjährigen Grundzutaten (tropische Früchte und Grünkohl), die uns daran erinnern, dass so manches Gemüse nie in den Süden zieht.

CHIMICHURRI-KICHERFRRSEN & CHICORÉE

REZEPT FÜR: 2 PERSONEN
ZUBEREITUNGSZEIT: 45 MINUTEN

Chimichurri-Soße assoziieren zwar viele mit Steak, aber auf einem köstlichen Salat aus Chicorée und gerösteter roter Paprika startet dieses Knoblauch-Petersilie-Pesto durch in ein völlig neues Leben als pikante Soße zu gerösteten Kichererbsen. Chicorée hat einen intensiven, bitteren Geschmack – wenn Sie nicht so auf bittere Salate stehen, verwenden Sie nur eine kleine Handvoll Chicorée und stattdessen mehr Spinat oder ein anderes Blattgemüse.

1 Den Backofen auf 175° Celsius vorheizen. Petersilie, Olivenöl, Knoblauch, Essig, Oregano, Zitronenschale und Salz in einer Küchenmaschine oder einem Mixer zu einer dicken Creme verarbeiten. Die Hälfte des Chimichurri in einer großen Ofenform aus Keramik mit den Kichererbsen vermengen. 20 Minuten im Ofen rösten, bis die Kichererbsen brutzeln. Dabei gelegentlich durchmischen.

2 Das übrige Chimichurri in einer großen Rührschüssel mit den restlichen Salatzutaten vermengen. Anschließend den Salat gleichmäßig auf Servierschüsseln verteilen, die heißen Kichererbsen darauf setzen und sofort servieren.

CHIMICHURRI-KICHERERBSEN

- 2 Bunde glatte Petersilie
- 3 EL Olivenöl (nativ extra)
- 3 Knoblauchzehen, geschält
- 2 EL Rotweinessig
- 2 TL getrockneter Oregano
- ½ TL geriebene Zitronenschale
- ¾ TL Salz
- 1 Dose (à 400 g) Kichererbsen, abgetropft und abgespült oder 370 g selbst gekochte Kichererbsen

CHICORÉE-SALAT

- 1 gerösteter roter Paprika (gekauft oder hausgemacht), entkernt und gewürfelt
- 1 kleine süße weiße Zwiebel, in feine Halbmonde geschnitten
- 2 persische Gurken oder ½ Salatgurke, gewürfelt
- 60 g Chicorée, junger Rucola oder eine Salatmischung, gewaschen und trocken geschleudert, in mundgerechte Stücke geschnitten
- 60 g Babyspinat oder gemischtes grünes Frühlingsgemüse
- 150 g Chia-Knuspercroutons (Seite 38) oder Pita-Chips aus dem Laden
- 30 g würzige Salatstreusel (Seite 27) oder geröstete Mandelsplitter

DOJO-SESAMNUDELN

REZEPT FÜR: 2 PERSONEN
ZUBEREITUNGSZEIT: 30 MINUTEN

Dieses Rezept ist eine Hommage an die frühere Inkarnation des Dojo Restaurant nahe Washington Square Park in im West Village Manhattans, das seit Jahrzehnten NYU-Studenten und einen vielseitigen Mix aus New Yorkern mit günstigem, aber gehaltvollem Essen versorgt. Leider wurde das ganze Restaurant mitsamt der Karte einer extremen Renovierung unterzogen und sieht mittlerweile aus wie jedes x-beliebige konventionelle Asia-Restaurant. Dieses Nudelgericht ist eine Erinnerung an alles, was ich an der aufrichtigen, sättigenden Kost so liebte, die Dojo früher jahrelang so gekonnt aus dem Ärmel schüttelte.

Dojos kalte Sesamnudeln sind zwar nicht die besten und können sich auch nicht gerade authentisch nennen, aber manchmal brauche ich sie einfach! Die merkwürdige Zutatenkombination – Tomaten, Gurken und Nori – ist vielleicht ungewöhnlich, macht aber süchtig!

1. Alle Zutaten für die Sesamsoße in eine Küchenmaschine geben und glatt pürieren. Anschließend bei Bedarf mit mehr Sojasoße, Essig oder Agavendicksaft abschmecken.

2. Die Nudeln nach Packungsanweisung zubereiten, aber die Garzeit etwas verkürzen, damit sie al dente bleiben. Während die Nudeln kochen, mit einer Küchenschere das Nori-Blatt in lange, dünne Streifen schneiden. Das Nudelwasser abgießen und die Nudeln unter reichlich kaltem Wasser abspülen. Dann mit geröstetem Sesamöl vermengen.

3. Servierschüsseln mit dem geraspelten Salat füllen. Die Nudeln in der Sesamsoße schwenken, dann auf den Salat in den Schüsseln setzen. Gurke, Tomate, Frühlingszwiebeln und Nori-Streifen dazugeben, Sesam darüberstreuen und auf den Tisch damit!

SESAM-ERDNUSS-SOSSE

80 ml chinesische Sesampaste oder Tahina

60 ml warmes Wasser

2 EL Reisessig

1 EL cremige ungesalzene Erdnussbutter

1 EL Sojasoße

1 EL dunkler Agavendicksaft

2 TL geriebener frischer Ingwer

2 TL geröstetes Sesamöl

NUDELN UND SALAT

115 g ungekochte Soba- oder Udonnudeln

1 Blatt Nori

1 TL geröstetes Sesamöl

200 g geraspelter Römer- oder Eisbergsalat

1 kernlose Gurke, geschält und in dünne Streifen geschnitten

1 große rote, reife Tomate, entkernt und gewürfelt

grüne Anteile von 3 Frühlingszwiebeln, fein geschnitten

2 EL gerösteter Sesam

WINTER

 THE SPIN

Sesam-Tahina ist superlecker in diesem Rezept, aber wenn Sie lieber eine authentischere Schiene fahren wollen, schauen Sie sich im Asialaden nach chinesischer Sesampaste um. Dabei handelt es sich um eine zähe Sesampaste, die aus ungeschältem Sesam hergestellt wird und einen kräftigen nussigen Geschmack und einen dunkleren Farbton als Tahina hat.

KLASSISCHER CAESAR-SALAT

REZEPT FÜR: 2 PERSONEN
ZUBEREITUNGSZEIT: 20 MINUTEN, PLUS ZUBEREITUNGSZEIT FÜR DRESSING, CROUTONS UND HANF-PARMESAN

Schlicht, aber niemals langweilig: Der klassische Caesar-Salat ist der ideale Wintersalat. Alles, was Sie brauchen, ist frisches Salatgemüse (Römersalat oder Grünkohl) in einem cremigen Knoblauchdressing mit Croutons. Abgerundet wird der Salat mit Hanf-„Parmesan", der dem Salat seinen traditionellen, käsigen Geschmack verleiht und gleichzeitig eine Wagenladung Omega-3-Fettsäuren mitbringt. Sie können aber auch jeden beliebigen veganen Parmesan als Käsetopping verwenden.

1. Dressing, Croutons und Hanf-Parmesan zubereiten. Croutons und Parmesan können Sie bis zu 4 Tage vor Zubereitung des Salats und des Dressings vorbereiten.

2. Kurz vor dem Servieren die Hälfte des Dressings mit dem Salat in einer großen Schüssel vermengen. Croutons und das übrige Dressing hinzugeben und erneut gut durchmischen.

3. Den Salat in große Servierschalen geben, Hanf-Parmesan darüberstreuen und genießen!

MIT VEGGIE-BACON

Als Salat-Topping Tempeh-Speck-Häppchen (Seite 47) verwenden – erwärmt oder bei Zimmertemperatur. Für maximalen Bacon-Wahn zum Schluss noch Kokosspeck-Häppchen (Seite 48) auf den Salat streuen!

---

1 x Zurück-zur-Ranch-Dressing (Seite 17, ohne die frischen Kräuter zubereitet)

200 g Klassische Croutons (Seite 39)

30 g Gerösteter Hanf-Parmesan (Seite 35, optional, aber köstlich!)

400 g geraspelter Römersalat

SAMURAI STYLINGS

GRÜNKOHLLIEBE-CAESARSALAT

Anstelle des Römersalats eine beliebige Grünkohlsorte verwenden. In mundgerechte Stücke rupfen oder schneiden. Die Hälfte des Dressings zu den Grünkohlstücken gießen, ein paar Minuten einmassieren, dann das restliche Dressing und die übrigen Zutaten hinzugeben und alles durchmischen.

INGWER-BETE & LINSEN MIT TAHINA UND AGAVENDICKSAFT

 REZEPT FÜR: 3 BIS 4 PERSONEN
ZUBEREITUNGSZEIT: 45 MINUTEN, PLUS ZUBEREITUNGSZEIT FÜR DIE LINSEN

Der ideale Salat für alle, die für grünes Blattgemüse nicht viel übrig haben: zart geröstete Rote Bete und Linsen in einer üppigen Ingwer-Vinaigrette mit herber Tahina und dunklem Agavendicksaft. Ein traumhaftes, dramatisches Gericht, das garantiert Futterneid bei Ihren Grünkohl knabbernden Freunden weckt.

1 Den Backofen auf 200° Celsius vorheizen und ein Backblech mit Backpapier auslegen. Rote Bete auf dem Backpapier ausbreiten, mit Öl beträufeln und mit Rauchsalz berieseln, dann kurz durchmischen. 25 Minuten rösten, bis die Stücke so weich sind, dass Sie mühelos eine Gabel hineinstechen können. Vor dem Servieren 5 Minuten abkühlen lassen.

2 Währenddessen Linsen, Möhre, Zwiebel und Petersilie in einer Rührschüssel vermengen. Die Zutaten für das Dressing verquirlen und die Hälfte zu den Linsen gießen und untermischen. Abdecken und beiseitestellen, damit sich die Aromen entfalten können, während die Rote Bete im Ofen ist.

3 Bereit zum Anrichten? Die Linsenmischung auf Servierschüsseln verteilen, die Rote Bete darauf setzen und das restliche Dressing dazu gießen. Großzügig mit Tahina-Soße und Agavendicksaft garnieren. Fertig ist er: der ultimative Rote-Bete-Schmaus.

 Agavendicksaft ist super, aber wenn Sie keinen haben, verzaubern Sie diesen Salat mit veganem Apfelhonig.

ROTE-BETE-LINSEN-SALAT

450 g Rote Bete, geschält und in 1,5 cm große Würfel geschnitten

1 EL Olivenöl

½ TL Rauchsalz

350 g Linsen für Salat (Seite 49)

1 große Möhre, gehackt

1 weiße Zwiebel, fein gehackt

½ Bund grob gehackte glatte Petersilie

INGWER-ORANGEN-VINAIGRETTE

60 ml frisch gepresster Orangensaft

2 EL Apfelessig

2,5 cm frischer Ingwer, geschält und gehackt

2 EL Olivenöl

1 Knoblauchzehe, gehackt

1 TL gemahlener Kreuzkümmel

1 TL gemahlener Koriander

¾ TL Salz

½ TL gemahlener Zimt

¼ TL Cayennepfeffer

GARNIERUNG

1 × Zitronen-Tahina-Dressing (Seite 19)

3 EL dunkler Agavendicksaft oder veganer Honig auf Apfelbasis

WINTER

BETEBÄLLCHEN-&-POMMES-FRITES-SALAT

REZEPT FÜR: 3 BIS 4 PERSONEN
ZUBEREITUNGSZEIT: 1 STUNDE, HAUPTSÄCHLICH BACKZEIT

Fast Food des 21. Jahrhunderts: leckere, herzhafte „Fleischbällchen" aus Rote Bete und Linsen zu hausgemachten Ofenpommes auf einem grünen Salat mit saftigen Tomaten. Toppen Sie diesen Salat mit den verschiedenen Belägen (einmal eingelegte Gurken, bitte!) und lassen Sie am Tisch die ultimative Spezialsoße herumwandern: ein cremiges „Galapagos"-Dressing aus Cashewkernen für das allerbeste herzhafte Burgererlebnis ohne Brötchen.

1 Gemüsebrühe, Linsen und Thymian in einen großen Topf geben. Aufkochen lassen, dann die Hitze reduzieren und 35 Minuten auf kleiner Flamme köcheln lassen, bis die Linsen gar sind. Mit einer Gabel Bulgur unterrühren, Deckel auf den Topf setzen und 20 Minuten beiseitestellen, bis die Flüssigkeit vollständig aufgenommen wurde. Jetzt ist der ideale Zeitpunkt, das Gemüse zu schneiden (wenn Sie das nicht schon gemacht haben).

2 Den Backofen auf 200° Celsius vorheizen, zwei große Backbleche mit Backpapier auslegen und mit Trennspray besprühen. Die übrigen Zutaten für die Betebällchen zu der Linsenmischung geben und alles mit den Händen zu einem feuchten Teig kneten. Wenn er zu nass ist, esslöffelweise mehr Haferflocken hinzugeben, bis der Teig zwar noch feucht, aber nicht matschig ist. Mit einem kleinen Eisportionierer (am besten einem mit Hebel für superschnelles Herauslöffeln) Kugeln aus dem Teig formen und auf ein mit Backpapier ausgelegtes Backblech setzen. Alternativ jeweils 2 Esslöffel Teig vorsichtig zu Kugeln formen und auf das Backblech setzen. Großzügig mit Öl besprühen, dann 30 Minuten backen, bis die Bällchen außen knusprig und innen sehr heiß sind.

(Fortsetzung)

BETEBÄLLCHEN

400 ml Gemüsebrühe

100 g feste ungekochte Linsen, z. B. braune, Beluga- oder Puy-Linsen

2 TL getrockneter Thymian

90 g ungekochter Bulgur

50 g gehackte gelbe Zwiebel

225 g rote Bete, geschält und geraspelt

1 EL Olivenöl

2 EL Ketchup

60 g zarte oder Instant-Haferflocken, nach Bedarf mehr

2 TL geräuchertes süßes Paprikapulver

1 TL getrockneter Oregano

½ TL frisch gemahlener schwarzer Pfeffer

½ TL Salz (oder nach Belieben)

OFENPOMMES

2 Russet-Kartoffeln oder 450 g Fingerling-Kartoffeln, ungeschält

2 TL Olivenöl

2 TL Old-Bay-Würze oder eine ähnliche salzige Würzmischung

SALAT

1 × Galapagos-Dressing (Seite 23) oder Zurück-zur-Ranch-Dressing (Seite 17, beliebige Variation)

270 g gemischter Salat oder geraspelter Römersalat

2 große rote reife Tomaten, entkernt und gewürfelt

1 kleine rote Zwiebel, in feine Halbmonde geschnitten

1 große eingelegte Dillgurke, fein geschnitten, oder 150 g eingelegte Gewürzgurkenscheiben

3 Wenn die Bällchen im Ofen sind, die Kartoffeln abschrubben und würfeln, dann in Öl und Salz schwenken und in einer Lage auf dem anderen Backblech ausbreiten. Zu den Betebällchen in den Backofen schieben und 20 bis 25 Minuten backen, bis sie goldbraun sind. Dabei hin und wieder wenden.

4 Währenddessen das Dressing zubereiten und bis zur Verwendung kalt stellen. Wenn die Bällchen und Pommes frites fertig sind, Salatgrün, Tomaten, Zwiebel und Gurken in großen Servierschüsseln anrichten. Betebällchen (am besten 3 bis 4 pro Schüssel; Sie können immer noch Nachschlag nehmen) und geröstete Kartoffeln auf den Salat setzen. Mit dem gekühlten Dressing servieren.

THE SPIN

Je nachdem, wie frisch Ihre Rote Bete ist, müssen Sie mit den Haferflocken eventuell etwas herum experimentieren. Gartenfrische Sommer-Rote-Bete ist supersaftig – dann benötigen Sie möglicherweise ein paar zusätzliche Esslöffel Haferflocken, um den Teig zu binden. Ältere Winter-Rote-Bete ist eher trocken; dann benötigen Sie entsprechend weniger. Es kommt also darauf an – seien Sie spontan!

FERIENTABOULI MIT QUINOA UND GRANATAPFEL

 REZEPT FÜR: 3 BIS 4 PERSONEN
ZUBEREITUNGSZEIT: 45 MINUTEN

Knackig, saftig und voller festlicher Winteraromen! An dieser Interpretation klassischer Gemüse-Hauptspeisensalate gibt es nichts auszusetzen und viel zu lieben – dabei in der Hauptrolle: Quinoa, eine schnelle, glutenfreie Alternative zu traditionellem Bulgur. Dieser Salat ist hübsch genug fürs feierliche Festmahl und bringt mit festen Beluga-Linsen und Walnüssen sogar einen nicht zu verachtenden Eiweiß-Boost mit.

1 Die Salatzutaten in eine Schüssel geben und gut vermischen.

2 Die Zutaten für die Vinaigrette in einem Messbecher oder einer Schüssel aus Glas verrühren. Über den Salat träufeln, vorsichtig unterheben und sofort servieren.

FREIHEIT FÜR DIE ARILLI!

Sie lieben Granatäpfel, aber die Samen (genau genommen handelt es sich dabei um sogenannte Arilli!) herauszupulen ist Ihnen zu mühselig? Dann versuchen Sie es auf diese irrsinnig schnelle Art, die auch noch Spaß macht: Den Granatapfel entlang seines „Äquators" mit der Spitze eines scharfen Messers anritzen, dann mit den Fingern vorsichtig in zwei Hälften ziehen. Die Samen auf beiden Seiten etwas anlockern.
Dann eine Hälfte mit der angeschnittenen Seite nach unten über eine große Schüssel halten. Schnappen Sie sich einen großen, schweren Holzlöffel und schlagen Sie damit so richtig auf die äußere Seite des Granatapfels ein. Gehen Sie einmal rund. Die Samen fliegen so direkt heraus und in die Schüssel (oder auf Ihre Hand, dann einfach in die Schüssel schütteln); weiter machen, bis Sie alle Samen herausgeschlagen haben, dann mit der anderen Hälfte genauso verfahren. Falls Sie anschließend ein paar weiße Fetzen unter den Samen haben, einfach herauspicken, und dann die Früchte Ihrer brutalen, aber minimalen Arbeit ernten.

QUINOA-LINSEN-SALAT

270 g Granatapfelsamen (entspricht etwa 1 großem Granatapfel)

420 g gekochte rote oder bunte Quinoa

1 Dose (à 425 g) Beluga-Linsen, abgetropft und abgespült, oder 300 g selbst gekochte Beluga-Linsen

grüne und weiße Anteile von 4 Frühlingszwiebeln, gehackt

2 kleine Bunde glatte Petersilie, grob gehackt

50 g gehackte geröstete Walnusskerne

½ Handvoll grob gehackte frische Minze

VINAIGRETTE

60 ml frisch gepresster Zitronensaft

3 EL Olivenöl

2 TL geriebener frischer Ingwer

½ TL Salz

½ TL rote Chiliflocken

etwas frisch gemahlener schwarzer Pfeffer

WINTER

TEMPEH-REUBENESQUE-SALAT

REZEPT FÜR: 2 BIS 3 PERSONEN
ZUBEREITUNGSZEIT: 30 MINUTEN

Das Allerbeste des vielgeliebten und superherzhaften veganen Sandwiches – ein Tempeh-Reuben beladen voll mit Sauerkraut und einem pikanten Dressing – in einem knackigen Salat. Sie hatten keine Ahnung, dass Tempeh-Reuben-Sandwiches mittlerweile der letzte Schrei sind? Jeder vegane Imbissladen, der was auf seine Zwiebelringe hält, muss zumindest eine Tempeh-Version dieses unverzichtbaren Deli-Sandwiches auf der Karte haben.

Dieser Salat ist wahrscheinlich mein Liebling aus diesem Buch; er befindet sich jedenfalls in den Top 5 meiner Die-könnte-ich-jeden-Tag-essen-Salate. Wenn Sie Sauerkraut lieben und Ihnen immer eine Ausrede einfällt, noch mehr davon zu essen, dann zögern Sie nicht – machen Sie diesen Salat zum Abendessen!

1 × Galapagos-Dressing (Seite 23)

1 × Tempeh-Speck-Häppchen (Seite 47)

1 grüner Apfel, entkernt und gewürfelt

2 EL frisch gepresster Zitronensaft

500 g geraspelter Rotkohl*

330 g Sauerkraut, gut abgetropft

200 g Klassische Croutons (Seite 39)

Mit einem Gemüsehobel lässt sich frischer Kohl ganz schnell raspeln.

1. Alle Dressingzutaten in einem Mixer oder einer Küchenmaschine pürieren. Kalt stellen, während Sie die restlichen Salatzutaten zubereiten.

2. Den Tempeh-Bacon zubereiten, in Alufolie einwickeln und warmhalten. Die Äpfel im Zitronensaft schwenken.

3. Kohl, Sauerkraut, Äpfel und Croutons in großen Salat-Schüsseln aufschichten. Mit Tempeh-Bacon garnieren, dann servieren und das Dressing am Tisch herumreichen. Einen großzügigen Klecks Dressing auf den Salat geben, bevor Sie zuschlagen.

THE SPIN

Wenn es um Sauerkraut geht, kaufen Sie das beste und hochwertigste, das Sie bekommen können. Vermeiden Sie Sauerkraut in Dosen (das wird pasteurisiert, wodurch die Probiotika zerstört werden) und greifen Sie stattdessen nach dem frischen Kraut im Kühlregal Ihres Supermarkts. Nehmen Sie lieber Sauerkraut in Gläsern als in Beuteln und vermeiden Sie große Vorratsfässer. Die reinen Aromen frischen Sauerkrauts durchziehen diesen Salat, also verwöhnen Sie sich und gönnen Sie sich das Beste vom Besten. Es ist ja schließlich nur fermentierter Kohl!

TEMPEH-TACO-SALAT-BOWL

REZEPT FÜR: 4 PERSONEN
ZUBEREITUNGSZEIT: 1 STUNDE

Von Tacos inspirierte Salate in essbaren Tortilla-Schalen haben zwar mit authentischem mexikanischem Essen nicht mehr viel gemein, haben aber eine leidenschaftliche und treue Anhängerschaft. Dieses Rezept ist ein Geschenk an alle Taco-Bowl-Fans da draußen: scharfe Tempeh-Krümel (Tempeh asada, wenn Sie so wollen), ein cremiges Avocado-Ranch-Dressing und kühle, knackige Salatbeläge, die in Tortilla-Schalen angerichtet werden. Die Schalen können Sie noch dazu ganz einfach selbst zu Hause backen. Die Abenteuerlustigen unter Ihnen sollten sich auch an der Variante mit exotischen Jackfrucht-„carnitas" als umwerfender fleischähnlicher Füllung versuchen.

1. Zunächst das Dressing zubereiten: Alle Dressingzutaten im Mixer cremig glatt pürieren. Nach Belieben mit mehr Salz abschmecken. Bis zur Verwendung kalt stellen.

2. Jetzt ran an den Tempeh! Tempeh in grobe Stücke schneiden. Eine Pfanne auf mittlerer Flamme erhitzen und den Tempeh in Olivenöl 3 bis 4 Minuten goldbraun braten. Bier, Chilipulver, Paprikapulver, Limettensaft, Kreuzkümmel und Salz hinzugeben. 1 Minute köcheln lassen, dann auf kleiner Flamme 4 bis 6 Minuten weitergaren, bis der Großteil der Flüssigkeit verkocht ist, aber der Tempeh immer noch leicht saftig ist. Den Herd abschalten und einen Deckel auf die Pfanne setzen, damit der Tempeh warm bleibt.

3. Die Tortilla-Schalen wie im Kasten beschrieben zubereiten; währenddessen können Sie sich um die übrigen Salatzutaten kümmern.

4. Wenn alles bereit ist, können Sie jetzt die Taco-Bowls zusammenstellen. Zuerst die warmen Tortilla-Schalen auf Tellern anrichten. Etwas Avocado-Dressing in jede Schale träufeln, dann Salat, Tomaten, Bohnen, Zwiebeln und Oliven hineingeben und zum Schluss den Tempeh darauf setzen (wenn Sie möchten, wärmen Sie ihn vorher auf). Anschließend etwas mehr Dressing auf den Salat träufeln, Chilipulver darüber rieseln (wenn Sie möchten) und servieren! Das Dressing und frische Limettenspalten am Tisch herumreichen.

(Fortsetzung)

AVOCADO-RANCH-DRESSING

1 große reife Avocado

250 ml Zurück-zur-Ranch-Dressing (Seite 17)

½ kleines Bund frischer Koriander, gehackt

TEMPEH ASADA

225 g Tempeh

1 EL Olivenöl

250 ml helles mexikanisches Bier oder Gemüsebrühe

1 EL Chilipulver, plus etwas mehr zum Garnieren

1 TL geräuchertes Paprikapulver, edelsüß oder scharf

1 EL frisch gepresster Limettensaft

1 TL gemahlener Kreuzkümmel

½ TL Salz

SALAT

4 gebackene Tortilla-Schalen (siehe Kasten), oder 1 Handvoll Tortilla-Chips pro Portion

400 g geraspelter Römersalat

300 g Traubentomaten, halbiert

165 g gekochte schwarze Bohnen

135 g Massierte rote Zwiebeln (Seite 41) oder fein geschnittene rote Zwiebeln

140 g entsteinte schwarze Oliven, in Scheibchen

Limettenspalten, zum Garnieren

SAMURAI STYLINGS

JACKFRUCHT-TACO-SALATSCHÜSSELN

Eine Dose (à 565 g) grüne Jackfrucht in Salzlake abgießen, dann mit den Fingern die Stücke in Fetzen zupfen. Jackfrucht, Bier, Chilipulver, Paprika, Limettensaft, Kreuzkümmel und Salz in einem großen Topf auf mittlerer Hitze kurz aufkochen, dann 1 Minute kräftig köcheln lassen. Anschließend auf kleiner Flamme 20 Minuten garen, bis ein Großteil der Soße von den Jackfruchtfetzen aufgenommen wurde. 1 Esslöffel Olivenöl dazugeben, unter gelegentlichem Rühren schmoren, bis die Stücke brutzeln und die Flüssigkeit vollständig verkocht ist, aber die Jackfrucht noch saftig aussieht. Den Herd ausschalten und den Deckel auf den Topf setzen, um die Jackfrucht warmzuhalten. Wie für den Tempeh beschrieben verwenden.

5 Sie können den Salat anstatt in Tortilla-Schalen auch wie gewohnt anrichten; dann den geraspelten Salat in große Servierschüsseln geben, eine Lage Tortilla-Chips darüber krümeln und schließlich Tomaten, Bohnen, Zwiebeln, Oliven und Tempeh hinzugeben. Wie oben beschrieben mit dem Dressing servieren.

THE SPIN Grüne Jackfrucht ist ein ungewöhnliches Tropenobst, das ein bisschen aussieht wie eine deformierte Wassermelone mit Stacheln. Sie hat ein sehr faseriges Fruchtfleisch, das geschmort ziemlich an „pulled pork" (konfiertes Schweinefleisch) erinnert. Mit den frischen Früchten zu experimentieren ist auch den erfahrensten Küchenchefs nicht zu empfehlen, da das angeschnittene Fruchtfleisch eine Art klebriges, latexähnliches Harz abgibt – aber es gibt grüne Jackfrucht auch in Salzlake eingelegt in Dosen, mit denen sowohl Anfänger als auch Experten tolle Ergebnisse erzielen können. Achten Sie darauf, nicht versehentlich Jackfrucht in Sirup zu kaufen, denn die ist für dieses Rezept nicht geeignet. Jackfrucht in Dosen gibt es in großen, gut sortierten Asialäden.

GEBACKENE TORTILLA-SCHALEN

Weizentortillas lassen sich innerhalb von wenigen Minuten zu knusprigen Tortilla-Schalen backen. So machen Sie alle glücklich und Sie stehen da wie ein kulinarisches Genie!
4 (20 bis 25 cm große) Weizentortillas, beliebige Sorte
Den Backofen auf 200° Celsius vorheizen. Vier feuerfeste Schüsseln von 15 cm Breite auf einem Backblech bereitstellen. Die Tortillas erhitzen (in der Mikrowelle, in einer heißen Pfanne oder direkt über einer Gasflamme), bis sie weich und flexibel sind. Die Tortillas in die Schüsseln pressen; dabei so einfalten, dass die Tortillas sich der Form der Schüsseln anpassen. Dann die Innenseiten mit etwas Trennspray (am besten Olivenöl) besprühen. Die Schüsseln 8 bis 10 Minuten backen, bis sie knusprig und goldbraun sind; dabei gut aufpassen, dass sie nicht anbrennen. Aus dem Ofen nehmen und am besten noch warm verwenden.

GEGRILLTER GOJI-SEITAN-SALAT

REZEPT FÜR: 2 BIS 3 PERSONEN
ZUBEREITUNGSZEIT: 45 MINUTEN, PLUS ZEIT FÜR DAS DÜNSTEN DES SEITANS

Gegrillte Seitanstreifen in einem saftigen Ingwer-Dressing auf erfrischenden Gurkenstreifen, Gojibeeren und Möhrenstiften. Die reinen, asiatisch inspirierten Aromen lassen Sie wieder und wieder zu diesem schlichten Hauptspeisen-Salat zurückkehren.

1. Die Zutaten für die Marinade verrühren.

2. Den Seitan zubereiten, dann diagonal in 1,5 cm große Streifen schneiden. Anschließend mit 60 Millilitern Dressing in eine Rührschüssel geben, gut darin schwenken und die Schüssel zum Marinieren 10 Minuten beiseitestellen. Die Gojibeeren unter das restliche Dressing mischen, abdecken und bis zur Verwendung kalt stellen.

3. Währenddessen die Gurke mit einem Gemüseschäler schälen und in lange Bänder schneiden. Die Möhre schälen und ebenfalls mit dem Gemüseschäler in Bänder schneiden. Gurken- und Möhrenbänder, Frühlingszwiebeln und geraspelten Kohl in einer Schüssel vermischen. Abdecken und bis zum Servieren kalt stellen.

4. Eine gusseiserne Grillpfanne auf mittlerer Flamme erhitzen. Dann mit einem hitzestabilen Öl (z. B. Erdnussöl) bestreichen oder besprühen. Die Seitanstreifen in einer Lage auf jeder Seite etwa 1 Minute anbraten, sodass die typischen dunklen Grillstreifen entstehen. Falls der Seitan an der Pfanne haften bleibt, mit Marinade bestreichen.

5. Das Salatgemüse auf Tellern aufstapeln. Anschließend die heißen Seitanstreifen darauf setzen, dann einen Klecks Dressing (mit den Gojibeeren) darauf geben. Sesam über den Salat streuen und noch heiß servieren. Den Rest des Dressings können Sie am Tisch herumreichen.

MARINADE/DRESSING

- 125 ml Kokosnusswasser
- 2 EL Reisessig
- 2 EL Tamari
- 1 EL Rapsöl oder Avocadokernöl
- 1 EL Agavendicksaft
- 2 TL geriebener frischer Ingwer
- 1 TL chinesisches 5-Gewürze-Pulver
- ½ TL geröstetes Sesamöl

GEGRILLTER SEITAN-GURKENSALAT

- 2 Gedünstete oder gebackene Seitan-Schnitzel (Seite 50), oder 225 g gekaufter Seitan
- 35 g getrocknete Gojibeeren
- 1 Salatgurke
- 1 große Möhre
- grüne Anteile von 4 Frühlingszwiebeln, dünn diagonal geschnitten
- 110 g fein geraspelter Chinakohl
- 2 EL gerösteter Sesam, plus etwas mehr zum Garnieren

APFELSALAT MIT CURRY-TEMPEH IN RADICCHIO-SCHÄLCHEN

 REZEPT FÜR: 2 BIS 4 PERSONEN
(ODER MEHR ALS VORSPEISE)
ZUBEREITUNGSZEIT: 45 MINUTEN

CREMIGES CURRY-DRESSING
- 80 g ungeröstete Cashewkerne
- 125 ml heißes Wasser
- 2 EL frisch gepresster Limettensaft
- 1 TL Kokosöl
- 1 Knoblauchzehe, geschält
- 2 ½ TL Currypulver
- ½ TL Salz

SALAT
- 225 g Tempeh
- 70 g getrocknete Cranberrys oder Rosinen
- 1 roter oder grüner Apfel
- ½ Handvoll frischer Koriander, gehackt
- 60 g geröstete Pekannüsse
- 1 Radicchio

Dieser wunderbar köstliche Salat macht richtig was her, wenn er in Radicchio-Schälchen serviert wird (große Blätter für Hauptspeisen, kleinere für Häppchen oder Vorspeisen), aber auf dunklem Brot mit Pekannüssen und Cranberrys ist er genauso lecker! Haut nicht nur Curry-Fans, sondern auch Tempeh-Feinde garantiert vom Hocker.

1. Die Cashewkerne 30 Minuten im heißen Wasser einweichen, dann mitsamt dem Einweichwasser in einen Mixer geben und sehr glatt pürieren. Wenn Sie einen sehr leistungsstarken Mixer haben (z. B. Vitamix oder Blendtec), können Sie sich das Einweichen sparen: Einfach die Cashewkerne zu einem feinen Pulver verarbeiten, das heiße Wasser hinzugießen und erneut glatt pürieren.

2. Die übrigen Dressingzutaten hinzugeben und alles zu einer glatten Soße pürieren. Das Dressing in einem fest verschlossenen Behälter mindestens 20 Minuten oder bis zur Verwendung in den Kühlschrank stellen, damit die Aromen gut verschmelzen können.

3. Den Tempeh in 1,5 cm große Würfel schneiden. 8 bis 10 Minuten dünsten, bis er schön zart ist. Für die letzten 3 Minuten die getrockneten Cranberrys zum Tempeh geben und mitdünsten. Anschließend zum Abkühlen beiseitestellen, während Sie den Rest des Salats zubereiten.

4. Den Apfel entkernen (nicht schälen) und in 1,5 cm große Würfel schneiden. Anschließend mit Koriander und Pekannüssen in eine Rührschüssel geben. Tempeh, Cranberrys und das Dressing ebenfalls hineingeben und alles gut vermengen.

5. Die zwei äußeren Radicchio-Blätter entfernen, dann vorsichtig so viele Blätter wie möglich abziehen (ohne sie einzureißen), um sie als Servierschälchen zu verwenden (gewaschen werden müssen sie nicht unbedingt, da ja nur die inneren Blätter verwendet werden). Zum Servieren den Salat in die Radicchio-Schälchen füllen!

 **THE SPIN** — Werden Sie Meister des perfekten Radicchio-Schälchens! Das Blatt am Strunk vom Radicchio trennen, dann von unten her vorsichtig abziehen und vom Salatkopf lösen.

COUSCOUS-SALAT MIT EINGELEGTEN ZITRONEN & OLIVEN

REZEPT FÜR: 4 PERSONEN
ZUBEREITUNGSZEIT: 45 MINUTEN

Die anregenden, üppigen Aromen traditioneller Tajinen, jener berühmten marokkanischen Eintöpfe mit eingelegten Zitronen und grünen Oliven, zeigen sich in diesem Couscous-Salat von ihrer besten Seite: mit Biss und getrocknetem Obst, Nüssen und duftenden Gewürzen.

1. Den Couscous nach Packungsanleitung kochen und abkühlen lassen, während Sie die anderen Zutaten vorbereiten.

2. Kichererbsen, Koriander, Minze, Frühlingszwiebeln, Oliven, Aprikosen, Zucchini, Pistazien und eingelegte Zitrone in eine große Rührschüssel geben.

3. Das Dressing zubereiten: Olivenöl in einem kleinen Topf auf mittlerer Flamme erhitzen, die Schalotten hinzugeben und 2 Minuten anschwitzen, bis sie weich und goldgelb sind. Koriander, Kurkuma, Zimt, Kreuzkümmel und Cayennepfeffer dazugeben und 30 Sekunden mitbraten, dann den Topf vom Herd nehmen. 1 Minute abkühlen lassen, dann Zitronensaft, Agavendicksaft und Salz hinzugeben und glatt rühren. Couscous zu der Kichererbsenmischung geben und das Dressing dazu gießen. Alles sehr gut durchmischen, um das Dressing gleichmäßig zu verteilen. Abdecken und vor dem Servieren 5 Minuten kalt stellen.

THE SPIN

Machen Sie daraus einen Sommersalat und verwenden Sie anstelle der getrockneten Aprikosen 160 g frische Aprikosen. Unter dem Rezept für Kichererbsen-Chicorée-Schiffchen (Seite 73) finden Sie mehr Infos zu eingelegten Zitronen sowie eine Anleitung zur eigenen Herstellung.

COUSCOUS-SALAT

200 g ungekochter Couscous

1 Dose (á 400 g) Kichererbsen, abgetropft und abgespült, oder 370 g selbst gekochte Kichererbsen

1 kleines Bund frischer Koriander, gehackt

3 EL frische Minze, gehackt

grüne und weiße Anteile von 2 Frühlingszwiebeln, fein geschnitten

200 große grüne Oliven oder Kalamata-Oliven (oder eine Mischung), entsteint und grob gehackt

3 EL fein gehackte getrocknete Aprikosen

225 g Zucchini (entspricht etwa 1 kleinen, jungen Zucchini), gewürfelt

3 EL gehackte geröstete Pistazien

2 EL gehackte eingelegte Zitronen

ZITRONEN-TAJINE-DRESSING

2 EL Olivenöl

2 EL gehackte Schalotten

1 TL gemahlener Koriander

½ TL gemahlener Kurkuma

½ TL gemahlener Zimt

½ TL gemahlener Kreuzkümmel

¼ TL Cayennepfeffer

60 ml frisch gepresster Zitronensaft

1 EL Agavendicksaft oder Ahornsirup

½ TL Salz

SEITAN-STEAK-SALAT MIT PFEFFERKORN-DRESSING

GENEROUSLY REZEPT FÜR: 2 BIS 3 GROSSZÜGIGE PORTIONEN (UND MITTAGESSEN FÜR DEN NÄCHSTEN TAG)
ZUBEREITUNGSZEIT: 30 MINUTEN, PLUS ZUBEREITUNGSZEIT FÜR DEN SEITAN

Sie sehnen sich nach herzhaften veganen Mahlzeiten, die „omnivoren" Gerichten in nichts nachstehen? Halten Sie sich fest, denn was Sie hier sehen, ist die ultimative fleischfreie Variante von Steak & Kartoffeln: pikant gegrillter Seitan und geröstete Kartoffeln auf knackigem, erfrischendem Salatgemüse. Das cremige Pfefferkorn-Dressing ist nur der letzte Schliff! Ich könnte den ganzen Tag davon schwärmen – denn vor Ihnen steht eine der herzhaftesten, denkwürdigsten Salatmahlzeiten dieses Buches!

1. Den Seitan zubereiten und die Schnitzel diagonal in 1,5 cm große Streifen schneiden.

2. Die Kartoffeln abschrubben, dann in 6 Millimeter dicke Scheiben schneiden. In einen großen Topf geben und mit 10 cm kaltem Wasser bedecken. Auf hoher Flamme aufkochen lassen, dann die Hitze reduzieren und 12 bis 14 Minuten köcheln lassen, bis Sie mühelos eine Gabel durch die Kartoffeln stechen können (sie sollten aber nicht matschig sein). Anschließend das Wasser abgießen und die Kartoffeln zum Abkühlen beiseitestellen. Währenddessen Olivenöl, Essig, Oregano, Sojasoße und Paprikapulver verquirlen. Die Seitanstreifen hineingeben und in der Marinade wenden.

3. Das Ranch-Dressing in einem Mixer 30 Sekunden mit den Pfefferkörnern pürieren. Für mehr Pep anschließend mit einen oder zwei zusätzlichen Teelöffeln der Pfefferlake abschmecken. In ein Servierschälchen gießen, abdecken und bis zum Servieren kalt stellen.

4. Alle Salatzutaten vorbereiten. Abdecken und bis zum Servieren kalt stellen.

GEGRILLTER SEITAN MIT KARTOFFELN

2 Gedünstete oder gebackene Seitan-Schnitzel (Seite 50), oder 225 g Seitan aus dem Laden

225 g Süßkartoffel (ca. 1 große) oder gelbe Fingerling-Kartoffeln, ungeschält

2 EL Olivenöl

1 EL Rotweinessig

1 TL getrockneter Oregano

1 TL Sojasoße

½ TL geräuchertes Paprikapulver, edelsüß

Erdnussöl, zum Grillen

PFEFFERKORN-DRESSING

1 × Zurück-zur-Ranch-Dressing (Seite 17)

3 großzügige EL eingelegte grüne Pfefferkörner (mit Flüssigkeit)

SALAT

1 Römersalat, in 1,5 cm breite Streifen geschnitten, gewaschen und trocken geschleudert

1 englische Gurke, in sehr dünne Scheiben geschnitten

2 große Tomaten, in Halbmonde geschnitten

1 rote Zwiebel, dünn geschnitten, oder 135 g Massierte rote Zwiebeln (Seite 41)

Salz und frisch gemahlener schwarzer Pfeffer, zum Abschmecken

(Fortsetzung)

5 Eine gusseiserne Grillpfanne (oder eine gewöhnliche Pfanne) auf mittlerer Flamme erhitzen. Dann mit Erdnussöl (oder einem ähnlich hitzestabilen Öl, das fürs Grillen geeignet ist) bestreichen oder besprühen. Die Seitanstreifen in einer Lage etwa 1 Minute darin anbraten, bis die typischen dunklen Grillstreifen entstehen. Passen Sie auf, den Seitan nicht zu lange zu braten, da er sonst austrocknen kann.

6 Den gebratenen Seitan in eine Schale geben und mit Alufolie bedecken, damit er warm bleibt. Die Kartoffelscheiben leicht einfetten und auf beiden Seiten jeweils 1 ½ bis 2 Minuten braten, bis sie schön heiß sind. In die Schale mit dem Seitan geben und leicht salzen und pfeffern.

7 Auftischen! In großen Servierschüsseln als Erstes den Salat auftürmen, dann den gegrillten Seitan, Kartoffeln, Gurken, Tomaten und Zwiebel darauf geben. Mit etwas frisch gemahlenem Pfeffer berieseln und sofort servieren. Das Pfefferkorn-Dressing am Tisch herumreichen.

THE SPIN — Zarte, eingelegte grüne Pfefferkörner sind unreife Pfefferkörner, deren scharfes Aroma diesem Dressing seinen unwiderstehlichen Kick verleiht! Es gibt sie in Gläsern und Dosen im Delikatessenladen oder in asiatischen oder thailändischen Geschäften.

VANESSA-KABOCHA-SALAT

REZEPT FÜR: 2 BIS 3 PERSONEN
ZUBEREITUNGSZEIT: 45 MINUTEN

Nach einem dreiwöchigen Fotomarathon, währenddessen ich 8 Stunden am Tag nichts als Salat zu Gesicht bekam, bat ich Lebensmittelfotografin Vanessa Rees um Salat-Inspiration. Sie schlug mir Kabocha-Kürbis als ultimative Salatherausforderung vor und dachte zweifellos, dass mir dazu gar nichts einfallen würde. Aber da wären wir: Ein weiteres umwerfendes Gericht, das ich einfach immer essen könnte. Es steckt voller Gemüse, ist aber gleichzeitig der Seelentröster schlechthin: zarter süßer Kabocha, knackiger Rotkohl, grüne Bohnen und Edamame in einer aromatischen Kokos-Erdnuss-soße. Lassen Sie auf keinen Fall den eingelegten Ingwer weg; er macht sich nicht nur hervorragend zu Sushi, sondern gibt mit seiner Schärfe der sämigen Reichhaltigkeit von Soße und Kürbis den entscheidenden Kick.

1. Alle Zutaten für die Soße in einem Mixer glatt pürieren. Abdecken und bis zum Servieren kalt stellen.

2. Den Kabocha-Kürbis nicht schälen; einfach die Schale abschrubben und etwaige verfärbte Stellen wegschneiden. Anschließend halbieren, die Kerne herauslöffeln und das Kürbisfleisch in etwa 2,5 cm große Würfel schneiden. In einem großen Topf mit Dämpfeinsatz 12 bis 14 Minuten garen, bis der Kürbis sehr weich ist. Die letzten 3 Minuten Edamame und grüne Bohnen hinzugeben und mit dem Kürbis dämpfen, bis die Edamame gar sind und die grünen Bohnen einen leuchtend grünen Farbton haben und etwas weicher, aber noch knackig sind. Den Kürbis zum Abkühlen beiseitestellen, die Edamame und grünen Bohnen mit kaltem Wasser abschrecken, damit sie nicht durch die Hitze weitergaren.

3. Kurz vor dem Essen den geraspelten Kohl großzügig auf Servierschüsseln verteilen. Den noch warmen Kürbis, grüne Bohnen, Edamame, Frühlingszwiebeln und Erdnüsse dazugeben. Erdnusssoße darüber träufeln und mit etwa 1 Esslöffel eingelegtem Ingwer pro Schüssel garnieren. Servieren und am Tisch den Rest der Erdnusssoße herumreichen. Dieser Salat ist auch superlecker mit einem Spritzer Sriracha!

KOKOS-5-GEWÜRZE-ERDNUSS-SOSSE

- 110 g cremige, gesalzene, naturbelassene Erdnussbutter
- 60 ml fettreduzierte Kokosnussmilch
- 2 EL Ahornsirup
- 1 EL Ume Su
- 60 ml warmes Wasser
- 1 EL gehackter frischer Ingwer
- 2 Knoblauchzehen, geschält
- ½ TL chinesisches 5-Gewürze-Pulver
- 1 TL geröstetes Sesamöl
- ¼ TL Salz

SALAT

- 700 g Kabocha (etwa 1 kleiner Kürbis von 15 bis 17 cm Durchmesser) oder ein anderer gewürfelter Kürbis
- 155 g tiefgefrorene geschälte Edamame
- 225 g grüne Bohnen, Enden abgeschnitten
- 300 g geraspelter Rotkohl
- grüne Anteile von 2 Frühlingszwiebeln, fein geschnitten
- 60 g grob gehackte geröstete Erdnüsse
- eingelegter Ingwer, zum Garnieren

SÜSS & HERZHAFT

IN DIESEM KAPITEL KOMMEN DIE SÜSSEN UND HERZHAFTEN SALATIGEN KREATIONEN ZUSAMMEN, DIE ICH GERNE ZUM FRÜHSTÜCK ESSE. SIE HABEN RICHTIG GELESEN: SALAT ZUM FRÜHSTÜCK.

In diesen Rezepten rüttele ich an den Vorstellungen davon, was als traditioneller „Salat" durchgehen kann. Anstelle von Blattgemüse spielen hier mild gesüßtes Getreide, Obst, Beeren und Nüsse die Hauptrolle. Zwar spricht nichts dagegen, auch die Hauptspeisensalate aus diesem Buch zum Frühstück zu vertilgen, aber wenn man diese nicht zufällig mit einer Spinat-Tofu-Quiche kombiniert, starte ich lieber mit einem süßen oder zumindest nur leicht herzhaften Salat in den Tag. Diese Kreationen sind mild und fruchtig und geben mit ordentlich Eiweiß und Ballaststoffen den entscheidenden Kick für den Start in hektische Wochentage oder lange, faule Sonntage.

GFWINNER-MÜSLI

 REZEPT FÜR: CA. 750 G
ZUBEREITUNGSZEIT: 1 ½ STUNDEN

Müslirezepte gibt es wie Sand am Meer und Sterne am Himmel, aber dieses Rezept ist mein persönlicher Star unter ihnen: langsam knusprig geröstete, schimmernde Haferflocken mit einer milden Ahornsirupsüße. Die süßen getrockneten Früchte kommen durch eine ordentliche Ladung Ingwer und ein Portiönchen Maldon-Salz so richtig zur Geltung – dieses Müsli hat es in sich! Dazu frisches Obst oder Beeren und voilà: ein ultimativ simples, aber frisches und gesundes Frühstück. Sie werden sich garantiert nie mehr mit einem Beutel Müsli aus dem Reformhaus zufriedengeben.

1 Den Backofen auf 160° Celsius vorheizen. Ahornsirup, Öl, Vanille, Ingwer, Zimt und Piment in einer großen Schüssel glatt rühren.

2 Haferflocken und Nüsse mit einem Silikonspatel oder einem großen Holzlöffel unterheben und gut mit der Ahornsirup-Mischung bedecken. Grobes Salz dazu streuen und erneut vermengen. Zwei Backbleche (23 × 33 cm) mit Olivenölspray besprühen, dann die Masse gleichmäßig darauf verteilen. 35 bis 45 Minuten backen, bis die Haferflocken goldgelb sind. Dabei gelegentlich durchmischen und gut beobachten. Wenn das Müsli fertig ist, aus dem Ofen nehmen und in eine Schüssel geben, damit es auf dem Backblech nicht weiterbackt und verbrennt.

3 Das getrocknete Obst unter das noch heiße Müsli heben; durch die Hitze wird das Obst gedünstet und etwas weicher. Vollständig abkühlen lassen (mindestens 1 Stunde), dann in einem fest verschlossenen Glas- oder Plastikbehälter aufbewahren und für den besten Geschmack innerhalb einer Woche verbrauchen.

 Ein Ahornsirup-Tipp: Die Innenseite des Messbechers großzügig mit Öl besprühen, dann den Sirup abmessen. Durch das Öl gleitet der Sirup ganz leicht aus dem Becher in die Schüssel.

---

125 ml Ahornsirup

1 EL Olivenöl oder geschmolzenes, unraffiniertes Kokosnussöl

½ TL Vanillearoma

2 TL gemahlener Ingwer

1 TL gemahlener Zimt

½ TL gemahlener Piment oder Muskatnuss

500 g Haferflocken (wenn Sie sich glutenfrei ernähren natürlich glutenfreie Haferflocken)

60 g geröstete Walnüsse oder geröstete Kürbiskerne, gehackt

¾ TL grobes Salz (z. B. Maldon)

125 g getrocknete Kirschen, Cranberrys, Rosinen oder fein gehackte getrocknete Aprikosen

SAMURAI STYLINGS

AMARANT-SCHLÄGT-ZURÜCK-MÜSLI

Gepuffter Amarant ist rauchig, knusprig und macht sich hervorragend in diesem Müsli. Um die Körner selbst zu puffen, einen großen, trockenen (kein Öl verwenden) Topf auf mittlerer Flamme erhitzen. Legen Sie den Deckel bereit. Wenn der Topf heiß ist, 65 g ungekochten Amarant hineingeben, den Deckel auf den Topf setzen und gelegentlich den Topf etwas schütteln, während Sie die Körner erhitzen. Es dauert etwa 2 bis 3 Minuten, bis die Körner poppen. Wenn es losgeht, muss der Topf kontinuierlich gerüttelt werden; wenn Sie ihn noch ein paar Minuten stehen lassen, verbrennt der Amarant. Wenn der Großteil der Körner gepufft hat, sofort zu den Haferflocken geben, dann die Ahornmischung hinzugeben.

SMOOTHIE-MÜSLI-BOWL

 REZEPT FÜR: 1 PERSON
ZUBEREITUNGSZEIT: 10 MINUTEN, PLUS GEFRIERZEIT FÜR DIE BANANE

Klar – das ist kein Salat, und genau genommen nicht mal ein Smoothie, aber diese Müslibowl ist der Knaller zum Frühstück, als leichtes Mittagessen oder wenn mir zum Abendessen nach einem cremigen, gehaltvollen „Dessert" ist. Ein Obstsmoothie, der so dick ist, dass er gelöffelt werden kann, mit einem Topping aus salzig-süßem hausgemachtem Müsli, Obst und knusprigen Kakaonibs. Es funktioniert ganz schlicht nur mit gefrorenem Obst, Sie können aber auch nach Belieben andere nahrhafte Zutaten wie Eiweißpulver, Nussmus oder Ähnliches hinzugeben. Ich friere immer ein ganzes Dutzend reife Bananen auf einmal ein; so komme ich problemlos über die Woche – mit einer täglich individuell zusammengestellten Smoothie-Bowl! Dieses Rezept ist roh, wenn Sie das Müsli weglassen.

1 Die gefrorene Banane würfeln und im Mixer mit dem gefrorenen Obst und der Mandelmilch glatt pürieren. Ein sehr leistungsstarker Mixer ist ideal, aber Sie können auch eine Küchenmaschine verwenden; dann gelegentlich die Masse mit einem Silikonspatel durchmischen.

2 Anschließend sofort in eine Schüssel füllen, Toppings hinzugeben und essen, essen, essen!

3 Veredeln Sie Ihre Smoothiebowl mit einer beliebigen Kombination aus den folgenden Zutaten. Vor dem Pürieren hinzugeben:

- 1 Löffel beliebiges veganes Vanille- oder Schoko-Eiweißpulver
- gefrorenes Acaibeeren-Püree (ich verwende ein halbes Päckchen pro Schüssel)
- ein paar Löffel Kokonuss- oder Sojajoghurt
- 1 eingeweichte, entsteinte Dattel, zum Süßen
- 1 Löffel Mandelmus, Erdnussbutter oder Hanfmus

 **THE SPIN** Reife, tiefgefrorene Bananen verändern alles. Bananen schälen, in wiederverschließbaren Gefrierbeuteln verstauen und ins Gefrierfach legen, bis sie fest sind ... fertig! Kakaonibs sind in jedem Naturkostladen erhältlich und tragen einen rohen Schokoknusper ohne Zucker bei.

SMOOTHIESCHÜSSEL

1 Banane, geschält und eingefroren

150 g gefrorene Beeren, gefrorene gehackte Mango oder 250 g gefrorene Ananas

60 ml Mandelmilch oder Kokosnusswasser

TOPPINGS

50 g Gewinner-Müsli (Seite 159)

1 Handvoll klein geschnittenes frisches Obst (z. B. Beeren, Aprikosen, Pflaumen) oder leicht angetaute tiefgefrorene Beeren

1 EL Gojibeeren oder gewürfelte Trockenfrüchte

1 TL Kakaonibs

SAMURAI STYLINGS

UND EIN PAAR ANDERE LIEBLINGSTOPPINGS ...

geröstete gehackte Nüsse oder Hanfsamen

geröstete Kokosraspel

gehackte Walnüsse, Mandeln oder noch mehr gefrorene Beeren!

AVOCADO-TOFU-FRÜHSTÜCKS-BOWL MIT MÖHREN-INGWER-DRESSING

 REZEPT FÜR: 2 ODER 3 GROSSZÜGIGE PORTIONEN
ZUBEREITUNGSZEIT: 45 MINUTEN

Dieses herzhafte Gericht ist eine irrsinnig leckere Verschmelzung von süß-scharfem frittiertem Tofu, Avocado und einem Mais-Bohnen-Salat inspiriert vom Südwesten der Vereinigten Staaten. Dazu ein belebendes Möhren-Ingwer-Dressing und eine Garnierung aus knusprigen Süßkartoffelchips. Mit dieser gesunden, aber satt machenden Alternative zur typischen schweren, überzuckerten Brunchkost starten Sie erfrischt und lebhaft ins Wochenende. Ein Tipp für die Ehrgeizigen unter Ihnen, die am Wochenende nicht vor halb zwei nachmittags aus dem Bett rollen: Bereiten Sie das Dressing und die Gewürzmischung im Voraus zu. Oder sie sparen sich das, denn beides ist ohnehin innerhalb von Minuten gemacht.

1 Dressing und Gewürzmischung als Erstes zubereiten. Den Tofu in 8 Scheiben schneiden und auspressen (siehe Tofu pressen: Ein Blick hinter die Kulissen, Seite 9). Anschließend mit der Hälfte der Gewürzmischung einreiben.

2 1 Teelöffel Olivenöl in einer Eisenpfanne auf mittlerer Flamme erhitzen. Den Mais 2 bis 3 Minuten darin abraten, bis er heiß ist, dann in eine Schale geben. Den restlichen Teelöffel Öl in der Pfanne erhitzen und den Tofu darin 4 bis 6 Minuten goldbraun braten, dabei gelegentlich wenden. Bei Bedarf mehr Öl dazu träufeln bzw. sprühen.

3 Mais, Tomaten, Bohnen, Koriander und Salatgemüse in einer Rührschüssel mit einem Spritzer Dressing oder Salsa vermengen. Auf Servierschüsseln verteilen. Avocado und gebratenen Tofu darauf setzen und ein paar Chips dazu streuen. Zum Schluss mit einer Prise der Gewürzmischung berieseln und mit dem übrigen Möhrendressing servieren.

- 1 × Möhren-Ingwer-Chia-Dressing (Seite 26), oder etwa 500 g Ihrer Lieblingssalsa
- Rauchgewürzmischung (siehe unten)
- 450 g fester oder sehr fester Tofu (kein Auspressen notwendig)
- 2 TL Olivenöl
- 200 g gefrorene oder frische Maiskörner
- 140 g Kirschtomaten, gewürfelt
- 165 g gekochte schwarze Bohnen, abgetropft
- 1 kleines Bund frischer Koriander, gehackt
- 2 große Handvoll gemischter Salat oder junger Rucola
- 1 große reife Avocado
- 1 Handvoll Süßkartoffelchips oder hochwertige Tortillachips, in mundgerechte Stücke gebrochen

RAUCHGEWÜRZMISCHUNG

- 2 EL geräuchertes süßes Paprikapulver
- 2 TL Kristallzucker (bio)
- 1 TL frisch gemahlener schwarzer Pfeffer
- 1 TL Zwiebelpulver
- 1 TL Selleriesamen
- 1 TL Knoblauchpulver
- ½ TL Cayennepfeffer
- ½ TL Salz

Die Gewürze vermischen und in einem kleinen, fest verschlossenen Glasbehälter aufbewahren. Ein Leben lang haltbar.

KOKOS-KAROTTENKUCHEN-SALAT

 REZEPT FÜR: 3 GROSSE ODER 4 KLEINERE PORTIONEN
ZUBEREITUNGSZEIT: 30 MINUTEN, PLUS ZUBEREITUNGSZEIT FÜR DIE QUINOA

Kühlschranknachtisch trifft auf gesunden Frühstücks-(oder Zwischendurch-)Snack! Gekochte Quinoa, geraspelte Möhren, Ananas und Rosinen saugen den „Teig" aus Ingwer und gewürzter Mandelmilch förmlich in sich auf und kreieren so eine dicke und köstliche Leckerei. Ein Klecks Vanille-Cashew-Creme (aus dem Rezept für Apfel-Quinoa-Bowl à la Mode, Seite 165) kann als „Kuchenglasur" herhalten, aber ich mag diesen Nachtisch-ohne-Kochen einfach so oder mit einer Extraprise Zimt.

1 Alle Salatzutaten in einer großen Schüssel vermischen.

2 Die Zutaten für das Dressing verquirlen und auf den Salat gießen. Gut untermischen. Auf Servierschüsseln verteilen oder in Aufbewahrungsbehälter geben. Für die besten Ergebnisse den Salat mindestens 20 Minuten kalt stellen, damit die Aromen richtig verschmelzen können.

SALAT

420 g gekochte, abgekühlte rote Quinoa (entspricht etwa 85 g ungekochter Quinoa)

200 g fein geraspelte Möhren (die feinsten Zacken Ihrer Vierkantreibe verwenden)

200 g gehackte Ananas, frisch oder tiefgefroren

40 g ungesüßte Kokosraspel, leicht geröstet

75 g dunkle Rosinen oder Sultaninen

3 EL gehackte geröstete Walnüsse oder Pekannüsse

DRESSING

250 ml ungesüßte Mandelmilch (Natur oder Vanillegeschmack) oder eine beliebige pflanzliche Milch

3 EL Ahornsirup

1 EL frisch gepresster Zitronensaft

2 TL geriebener frischer Ingwer oder 1 TL gemahlener Ingwer

1 TL gemahlener Zimt

½ TL Vanillearoma

½ TL gemahlener Piment

¼ TL gemahlene Muskatnuss

¼ TL gemahlene Gewürznelken

Prise Salz

Die Kokosraspel können auf zwei verschiedene Arten gerösteten werden: In einer Pfanne auf mittlerer Flamme unter ständigem Rühren 6 bis 8 Minuten anbraten, bis sie einen goldgelben Farbton annehmen, oder auf einem mit Backpapier ausgelegten Backblech ausbreiten und 4 bis 6 Minuten bei 175° Celsius backen. Anschließend sofort aus dem Ofen nehmen, damit sie nicht anbrennen.

APFEL-QUINOA-BOWL À LA MODE

 REZEPT FÜR: 3 BIS 4 PERSONEN
ZUBEREITUNGSZEIT: 30 MINUTEN, PLUS ZUBEREITUNGSZEIT FÜR DIE QUINOA

Fans von getreidebasierten Nachtischen und Apfelkuchen werden dieses beruhigende, würzige, leckere Frühstück lieben! Verwenden Sie getrocknete und frische Äpfel in dieser cremigen Quinoaschüssel für die ultimative herb-süße Geschmacksexplosion. An kühlen Herbstmorgen können Sie die Quinoa kurz aufwärmen, bevor Sie die Vanille-Cashew-Creme hinzugeben.

1 Die Apfelquinoa-Zutaten in einer großen Rührschüssel vermischen. Anschließend in einen Glasbehälter oder mehrere Einmachgläser mit einer weiten Öffnung geben, fest verschließen und mindestens 30 Minuten kalt stellen.

2 Währenddessen die Vanillecreme zubereiten. Die Cashewkerne 20 Minuten im heißen Wasser einweichen. Das Wasser nicht abgießen, sondern mitsamt den restlichen Zutaten für die Creme im Mixer sehr glatt pürieren. Abdecken und 10 Minuten kalt stellen.

3 Die Quinoamischung umrühren, dann auf Servierschüsseln verteilen (es sei denn, Sie verwenden Einmachgläser). Vanille-Cashew-Creme dazugeben und mit gewürfelten Äpfeln und einer Prise Zimt garnieren. Falls Sie Vanillecreme übrig haben, einfach separat servieren.

APFELQUINOA

- 420 g gekochte weiße Quinoa
- 375 ml ungesüßte Vanille-Mandelmilch
- 2 EL Ahornsirup
- 2 TL gemahlener Zimt
- 1 TL gemahlener Ingwer
- ½ TL Salz
- 125 g dunkle Rosinen oder. Sultaninen
- 85 g gehackte getrocknete Äpfel

VANILLE-CASHEW-CREME

- 80 g ungeröstete Cashewkerne
- 75 ml heißes Wasser
- 2 EL Ahornsirup
- 2 TL frisch gepresster Zitronensaft
- 1 TL Vanillearoma
- Prise Salz

GARNIERUNG

- 1 roter oder grüner Apfel, entkernt und gewürfelt
- gemahlener Zimt, zum Garnieren

OVERNIGHT OATS MIT MEXIKANISCHER SCHOKOCREME

 REZEPT FÜR: 2 PERSONEN
ZUBEREITUNGSZEIT: 30 MINUTEN

Ganz bescheidene Overnight Oats – ungekochte Haferflocken, die in einer leckeren Soße baden, während Sie schlafen – sind ein günstiges und unheimlich bequemes Frühstück. Es macht Spaß, sich für jeden Tag der Woche eine andere Geschmacksrichtung einfallen zu lassen, oder Sie machen mit einem cremigen, süßen Topping aus einem schlichten Frühstück eine elegante Köstlichkeit. Am liebsten weiche ich Haferflocken in ungesüßter Vanille-Mandelmilch mit Beeren ein und perfektioniere sie mit einem Topping aus Zimt-Chili-Schokocreme. Sie können aber auch einfach nur mit ein bisschen Agavendicksaft nachsüßen.

1 Als Erstes benötigen Sie zwei verschließbare Gläser mit einem Fassungsvermögen von 250 bis 300 Millilitern (z. B. Einweckgläser oder wiederverwendbare Marmeladen- oder Nussmusgläser mit Deckeln). Haferflocken, Mandelmilch, Agavendicksaft (falls gewünscht), Chiasamen und Zimt auf die zwei Gläser aufteilen und kurz verrühren. Die tiefgefrorenen oder frischen Beeren ebenfalls aufteilen und auf die Haferflocken setzen. Die Gläser fest verschließen und über Nacht kalt stellen.

2 Cashewkerne und Datteln 20 Minuten im Kokosnusswasser einweichen (Sie haben weniger Abwasch, wenn Sie die Cashews direkt im Mixbehälter einweichen). Je nach Leistung Ihres Mixers 2 bis 4 Minuten pürieren, bis Sie eine glatte Masse haben. Kakaopulver, Cayennepfeffer und Salz hinzugeben und erneut pürieren, bis die Schokocreme sehr glatt und geschmeidig ist. Dabei gelegentlich die Masse von den Seiten abstreichen. Die Creme in einen Glasbehälter umfüllen, abdecken und über Nacht kalt stellen.

3 Am nächsten Morgen jeweils einen Klecks Schokocreme in die Gläser geben und mit Kakaonibs bestreuen. Sofort essen, oder den Deckel wieder aufschrauben und für den besten Geschmack innerhalb von 2 Stunden verbrauchen. Den Rest der Creme können Sie sich später als Schokodip mit frischem Obst schmecken lassen!

(Fortsetzung)

OVERNIGHT OATS

100 g Haferflocken (wenn Sie sich glutenfrei ernähren, natürlich glutenfreie Haferflocken)

300 ml ungesüßte Vanille-Mandelmilch

1 bis 2 EL Agavendicksaft oder Ahornsirup (optional)

1 EL Chiasamen

1 TL gemahlener Zimt

150 g gefrorene oder frische gemischte Beeren

CHILI-SCHOKOCREME

80 g ungeröstete Cashewkerne

3 weiche Medjool-Datteln, entsteint

80 ml Kokosnusswasser, Mandelmilch oder Reismilch

3 EL Kakaopulver

¼ TL Cayennepfeffer

Prise Meersalz

1 EL Kakaonibs, zum Garnieren

KASTEN FÜR DIE SUPERFAULEN!

Cremige eingeweichte Haferflocken sind ideal für alle, deren Frühstück für gewöhnlich zu wünschen übrig lässt! Sie können die fest verschlossenen Gläser einfach in die Handtasche werfen und aus dem Haus stürzen – mit einem leckeren, nahrhaften Frühstück, das Sie durch den Morgen powert. Ich stehe total auf meine Schokocreme-Hafer-Parfaits, aber auch ohne die Schokocreme lassen sich supersättigende Morgenmahlzeiten genießen.

Für ein Haferfrühstück, das weniger an Nachtisch erinnert, anstelle der Schokocreme einen großen Klecks Nussmus unten ins Glas drücken. Kurz vor dem Verzehr den Inhalt umrühren und den nussigen Eiweißschub genießen. Verwenden Sie Einweckgläser mit einem Fassungsvermögen von 170 bis 250 Millilitern. Das sind ziemlich kleine Gläser!

PRO GLAS:
- 1 EL Mandel-, Cashew- oder anderes beliebiges Nussmus
- 50 g Haferflocken
- 1 TL Chiasamen oder gemahlene Leinsamen
- 125 ml ungesüßte Vanille-Mandelmilch
- 1 EL Rosinen, getrocknete Kirschen, Cranberrys oder ein anderes leckeres Trockenobst
- 40 g Blaubeeren, Himbeeren, gewürfelte Erdbeeren oder gewürfelte Pfirsiche, frisch oder tiefgefroren
- 2 EL gehackte geröstete Walnüsse oder Pekannüsse
- gemahlener Zimt und/oder Kokosblütenzucker (optional)

1 Das Nussmus ins Glas klecksen und mit dem Löffelrücken hineinpressen.

2 Haferflocken und Leinsamen hinzugeben, dann die Mandelmilch eingießen. Beliebiges frisches, getrocknetes oder tiefgefrorenes Obst zugeben, dann die Nüsse und, wenn Sie möchten, zum Schluss eine Prise Zimt und/oder Kokosblütenzucker. Fest verschließen und über Nacht in den Kühlschrank stellen. Vor dem Essen umrühren!

ORANGEN-VANILLE-OBSTSCHÄLCHEN

 REZEPT FÜR: 4 PERSONEN
ZUBEREITUNGSZEIT: 15 MINUTEN

Dieser Salat war bereits einer meiner Favoriten, als ich noch ein Kind war, hatte aber nie einen richtigen Namen. Wir nannten ihn immer nur den „Orangensaftsalat". Wenn im Sommer der Asphalt brutzelte und es niemand wagte, den Herd anzuschalten, aßen meine Eltern und ich diesen Salat eimerweise. Meine Mutter meinte immer, es sei eine Spezialität aus Venezuela – frisch gewürfeltes Sommerobst in O-Saft – aber mich erinnert er immer an schwüle Sommertage in Neuengland und wie ich den Fruchtsaft aus der Schüssel schlürfte. Am liebsten löffle ich ihn aus einer großen Tasse, während ich meine Sommerlektüre nachhole.

In meiner modernen Variante verfeinere ich den Orangensaft mit einem Spritzer Limettensaft, Agavendicksaft und Vanillearoma, aber der Obstanteil ist praktisch der gleiche. Passen Sie das Obst dem Wechsel der Jahreszeit an: Verwenden Sie zum Beispiel winzige Pflaumen anstelle von Nektarinen und wenn Blaubeeren im Angebot sind, lassen Sie die Trauben weg. Manchmal mischen wir noch eine gewürfelte Banane oder Erdbeerscheibchen unter, aber die werden schnell matschig, wenn sie den ganzen Tag im Saft schwimmen – damit Sie Bescheid wissen.

1 Orangensaft, Limettensaft, Agavendicksaft und Vanillearoma in einem Glas- oder Plastikkrug mit mindestens 2 Litern Fassungsvermögen verrühren.

2 Nektarinen, Pflaumen und Apfel entkernen, dann in mundgerechte Stücke schneiden und direkt in die Orangensaftmischung fallen lassen. Die Trauben halbieren und mit den Blaubeeren ebenfalls hinzugeben. Abdecken und 30 Minuten kalt stellen. Anschließend in große Tassen geben und mit einem Löffel servieren.

---

750 ml frisch gepresster oder gekaufter Orangensaft

2 EL frisch gepresster Limettensaft

1 EL Agavendicksaft

½ TL Vanillearoma

2 große Nektarinen

2 große rote Pflaumen

1 großer grüner Apfel

100 g kernlose grüne Weintrauben

200 g Blaubeeren

SAMURAI STYLINGS

ORANGEN-CREME-SCHÄLCHEN

Kurz vor dem Servieren einen großzügigen Klecks Vanille-Kokos-Joghurt auf jede Portion setzen!

SÜSS & HERZHAFT

DANKSAGUNGEN

Sowohl Kochbücher als auch Salate bestehen aus vielen leckeren, wichtigen Komponenten, die miteinander harmonieren müssen. Unendlich viel Lob und Dank gehen an die tollen Leute, die bei der Entstehung dieses Buchs geholfen haben. Ich hoffe, es nährt und inspiriert euch für lange Zeit und durch viele Mahlzeiten:

- John Stavropolous, mein Partner in allen Salat- und Lebenslagen, und die ganze Stavropolous-Familie
- meine Eltern, Teresa und Nerio
- Timberly Stevens, Erz-Rezeptetesterin und Küchenninja
- Vanessa Rees, Fotografie- und Style-Sensei, Roy Rogers, der uns mit Kaffee versorgt hat, wann immer es nötig war, und Katze Marshall für Streicheleinheiten und Ohrenkraulen auf Bestellung (also auf unsere Bestellung)
- das weise und karnickelflinke Team von Da Capo: meine Herausgeberin Renee Sedliar, Jonathan Sainsbury, Amber Morris, Katie Wilson und Kevin Hanover
- meinen Agenten Marc Gerald und The Agency

Außerdem danke ich natürlich meinen Freunden und Kollegen, die mich durch allen Kurven und um jede Ecke dieser Tour de Salat begleitet haben: Isa Chandra Moskowitz (Kochbuch-Sisters 4 life), Ajit George (Samurai!), Lizzie Stark, George Locke, James Stuart, Jared Sorenson, Luke Crane, Dro, Creative Wednesdays Warriors (Dev, Laura, Sara), The Vegan Mashup (Betsy Carson, Toni Fiore, Miyoko Schinner), Adam Sobel und dem coolen Trupp von Cinnamon Snail, dem Community Team @ Kickstarter (Cindy, Aurora, Niina, Callan, Jamie, John, Julio, George, Liz, Nicole und allen anderen vom Community Team, und Sam), und allen Salatninjas, die wissen, dass Salat das Allerbeste ist.

INDEX

A

Ahornsirup
  Cremiges Ahorn-Senf-Dressing 18
  Orangen-Ahorn-Tempeh 46
  Tipp zum Abmessen von 159

Algen
  Bento à la Salade Niçoise 91
  Dojo-Sesamnudeln 135
  Infos zu 92, 95
  Picknicksalat für Wassernixen mit Seepferdchen-Ranch-Dressing 95
  Schwarzer Reis mit Kimchi und Nashi 117

Ananas
  Curry-Linsen-Quinoa-Salat 88
  Kokos-Karottenkuchen-Salat 163

Äpfel
  Apfel-Quinoa-Bowl à la Mode 165
  Apfelsalat mit Curry-Tempeh in Radicchio-Schälchen 151
  Orangen-Vanille-Obstschälchen 169
  Rosenkohlsalat mit gegrillten Miso-Äpfeln 115
  Tempeh-Taco-Salat-Bowl 147

Apfel-Quinoa-Bowl à la Mode 165

Apfelsalat mit Curry-Tempeh in Radicchio-Schälchen 151

Asianudeln
  Dojo-Sesamnudeln 135
  Polnischer Soba-Sommersalat 81
  Spargel-Pad-Thai-Salat 63

Avocados
  Avocado-Ranch-Dressing 147
  Avocado-Tofu-Frühstücks-Bowl mit Möhren-Ingwer-Dressing 162
  Bento à la Salade Niçoise 91
  Bhel Puri Chaat mit Avocado & Amarant 89
  Die BGT-Bowl (Bacon, Grünkohl & Tomaten) 75
  Gerösteter mexikanischer Maissalat mit Avocado (Esquites) 103
  Smokehouse-Kichererbsen-Salat 111
  Tempeh-Taco-Salat-Bowl 147

Avocado-Tofu-Frühstücks-Bowl mit Möhren-Ingwer-Dressing 162

B

Bananen
  Smoothie-Müsli-Bowl 161

Banh-Mi-Salatröllchen mit Linsen-Pâté 67

Basilikum-Pesto-Dressing 83

Beilagensalate 30

Bento à la Salade Niçoise 91

Bentoboxen 11

Betebällchen-&-Pommes-frites-Salat 141

Bhel Puri Chaat mit Avocado & Amarant 89

Birnen
  Haselnuss-Shiitake-Butternuss-Salat 129
  Nashi, Infos zu 117
  Schwarzer Reis mit Kimchi und Nashi 117

Blattsalat
  Banh-Mi-Salatröllchen mit Linsen-Pâté 67
  Bento à la Salade Niçoise 91
  Betebällchen-&-Pommes-frites-Salat 141
  Caesar-Gartensalat mit Buffalo-Ranch-Dressing 105
  Dojo-Sesamnudeln 135
  Eisberg-Wedge-Salat mit Seitan-Speck und Meerrettich-Dressing 101
  Klassischer Caesar-Salat 137
  Knackige Mandelfalafel-Bowl 123
  Seitan-Steak-Salat mit Pfefferkorn-Dressing 155
  Tempeh-Taco-Salat-Bowl 147
  Thailändisches Seitan-Larb in Salatschälchen 65

Blaubeeren
  Blaubeer-Tamari-Bowl 59
  Erdbeer-Spinat-Salat mit Orangen-Mohnsamen-Dressing 57
  Orangen-Vanille-Obstschälchen 169

Blaubeer-Tamari-Bowl 59

Blumenkohl
  Pesto-Blumenkohl-Kartoffelsalat 83

Bohnen
  Avocado-Tofu-Frühstücks-Bowl mit Möhren-Ingwer-Dressing 162
  Bento à la Salade Niçoise 91
  Bhel Puri Chaat mit Avocado & Amarant 89
  Edamame-Succotash-Salat mit Miso-Dressing 93

Bohnen …
    Eisberg-Wedge-Salat mit Seitan-Speck und Meerrettich-Dressing 101
    Feuriger Quinoa-Obstsalat 97
    Knackige Kohl-&-Süßkartoffel-Bowl 125
    Montagabend-Reissalat mit roten Bohnen 121
    Papaya-Salat mit Zitronengras-Tofu 79
    Polnischer Soba-Sommersalat 81
    Tempeh-Taco-Salat-Bowl 147
    Vanessa-Kabocha-Salat 157

Bohnensprossen
    Spargel-Pad-Thai-Salat 63

Brokkoli-Erdnuss-Reissalat mit Zitronengras 109

Buchweizen
    Käse-Knusperbuchweizen 37
    Keimen von 37

C

Caesar-Gartensalat mit Buffalo-Ranch-Dressing 105
Cashewkerne, Infos zu 13, 17
Cashew-Kürbiskern-Knusperstreusel 36
Chia-Chipotle-Dressing 20
Chia-Knusper-Croutons 38

Chiasamen
    Chia-Chipotle-Dressing 20
    Chia-Knusper-Croutons 38
    Infos zu 11
    Möhren-Ingwer-Chia-Dressing 26
    Schalotten-Senf-Chia-Vinaigrette 22

Chicorée
    Kichererbsen-Chicorée-Schiffchen 73

Chili-Limetten-Dressing 65

Chilis
    Chia-Chipotle-Dressing 20
    Cremiges Koriander-Limetten-Dressing 25
    Gerösteter mexikanischer Maissalat mit Avocado (Esquites) 103
    Grünes Curry-Dressing 28
    Papaya-Salat mit Zitronengras-Tofu 79
    rösten 25
    Thailändisches Seitan-Larb in Salatschälchen 65

Chimichurri-Kichererbsen & Chicorée 133
Chinesischer schwarzer Reisessig, Infos zu 68
Chipotle-Chilis in Adobosauce, Infos zu 20
Couscous mit Zuckerschoten & Za'atar-Dressing 70
Couscous-Salat mit eingelegten Zitronen & Oliven 153

Cranberrys
    Apfelsalat mit Curry-Tempeh in Radicchio-Schälchen 151
    Erntesalat mit Pilzen, Graupen & Rosenkohl 113

Cremiges Ahorn-Senf-Dressing 18
Cremiges Koriander-Limetten-Dressing 25

Croutons
    Chia-Knusper-Croutons 38
    Klassische Croutons 39

Curry-Kürbis-Kohl-Wraps 131
Curry-Linsen-Quinoa-Salat 88
Currypaste, Infos zu 28

Currypulver
    Apfelsalat mit Curry-Tempeh in Radicchio-Schälchen 151
    Curry-Kürbis-Kohl-Wraps 131
    Kokos-Samosa-Kartoffelsalat 127

D

Datteln
    Mandelmus-Hanf-Dressing 21
    Overnight Oats mit mexikanischer Schokocrème 167

Die BGT-Bowl (Bacon, Grünkohl & Tomaten) 75
Dill-Dressing 81
Dill-Krautsalat-Bowl mit BBQ-Tempeh 107
Dojo-Sesamnudeln 135

Dressings
    Avocado-Ranch-Dressing 147
    Basilikum-Pesto-Dressing 83
    Chia-Chipotle-Dressing 20
    Chili-Limetten-Dressing 65
    Cremiges Ahorn-Senf-Dressing 18
    Cremiges Koriander-Limetten-Dressing 25
    Cremiges Limetten-Dressing 103
    Galapagos-Dressing 23
    Geröstetes Schalotten-Dressing 63
    Grünes Curry-Dressing 28
    Ingwer-Orangen-Vinaigrette 139
    Ingwer-Tahina-Dressing 87
    Mandelmus-Hanf-Dressing 21
    Meerrettich-Dressing 101
    New Yorker Dressing 24
    Orangen-Mohnsamen-Dressing 57
    Paprika-Rauch-Dressing 111
    Rauchige Orangen-Vinaigrette 125
    Schalotten-Senf-Chia-Vinaigrette 22

Seepferdchen-Ranch-Dressing 95
Tamarinden-Ahorn-Vinaigrette 89
Teuflisches Caesar-Dressing 55
Warmes Curry-Dressing 127
Za'atar-Dressing 70
Zitronengras-Schalotten-Dressing 109
Zitronen-Tahina-Dressing 19
Zitronen-Tajine-Dressing 153
Zurück-zur-Ranch-Dressing 17

E

Edamame
Edamame-Succotash-Salat mit Miso-Dressing 93
Schwarzer Reis mit Kimchi und Nashi 117
Vanessa-Kabocha-Salat 157
Edamame-Succotash-Salat mit Miso-Dressing 93
Eisberg-Wedge-Salat mit Seitan-Speck und Meerrettich-Dressing 101
Entspannter Grünkohlsalat 31
Erbsen
Couscous mit Zuckerschoten & Za'atar-Dressing 70
Edamame-Succotash-Salat mit Miso-Dressing 93
Erbsen-Kräuter-Ricotta zu Tomaten & Basilikum 99
Frühlingskräutersalat mit Orangen-Ahorn-Tempeh 53
Kokos-Samosa-Kartoffelsalat 127
Pesto-Blumenkohl-Kartoffelsalat 83
Erbsen-Kräuter-Ricotta zu Tomaten & Basilikum 99
Erdbeeren
Erdbeer-Spinat-Salat mit Orangen-Mohnsamen-Dressing 57
Frühlingskräutersalat mit Orangen-Ahorn-Tempeh 53
Erdbeer-Spinat-Salat mit Orangen-Mohnsamen-Dressing 57
Erdnussbutter
Dill-Krautsalat-Bowl mit BBQ-Tempeh 107
Dojo-Sesamnudeln 135
Vanessa-Kabocha-Salat 157
Erntesalat mit Pilzen, Graupen & Rosenkohl 113
Essig, Infos zu 11, 95

F

Feigen
Couscous mit Zuckerschoten & Za'atar-Dressing 70
Feigen-Tempeh-Salat an cremigem Koriander-Limetten-Dressing 119
Feigen-Tempeh-Salat an cremigem Koriander-Limetten-Dressing 119
Ferientabouli mit Quinoa und Granatapfel 143
Feuriger Quinoa-Obstsalat 97
Feuriger Tofu 42
Frühlingskräutersalat mit Orangen-Ahorn-Tempeh 53

G

Galapagos-Dressing 23
Gebratene Knoblauch-Kichererbsen mit Spinat & Getreide 69
Gedünstete oder gebackene Seitan-Schnitzel 50
Gegrillter Goji-Seitan-Salat 149
Gegrillter Palmkohlsalat mit pikanten Linsen 61
Gemüsehobel 9
Gemüseschäler 9
Gerösteter Hanf-Parmesan 35
Gerösteter mexikanischer Maissalat mit Avocado (Esquites) 103
Geröstetes Schalotten-Dressing 63
Gewürzmischung
Rauchgewürzmischung 162
Ginger-Beer-Tofu 44
Glas, Salat im 10
Gojibeeren
Gegrillter Goji-Seitan-Salat 149
Smoothie-Müsli-Bowl 161
Granatäpfel
entkernen 143
Ferientabouli mit Quinoa und Granatapfel 143
Graupen
Erntesalat mit Pilzen, Graupen & Rosenkohl 113
Grundausstattung 8
Grünes Curry-Dressing 28
Grünkohl
Die BGT-Bowl (Bacon, Grünkohl & Tomaten) 75
Entspannter Grünkohlsalat 31
Teuflischer Grünkohl-Caesar-Salat 55
Gurken
Banh-Mi-Salatröllchen mit Linsen-Pâté 67
Blaubeer-Tamari-Bowl 59
Chimichurri-Kichererbsen & Chicorée 133
Dojo-Sesamnudeln 135
Gegrillter Goji-Seitan-Salat 149

Gurken ...
    Knackige Mandelfalafel-Bowl 123
    Polnischer Soba-Sommersalat 81
    Seitan-Steak-Salat mit Pfefferkorn-Dressing 155
Gurken, persische, Infos zu 12

H

Haferflocken
    Betebällchen-&-Pommes-frites-Salat 141
    Cremige eingeweichte 168
    Gewinner-Müsli 159
    Overnight Oats mit mexikanischer Schokocrème 167
Hanfsamen
    Gerösteter Hanf-Parmesan 35
    Mandelmus-Hanf-Dressing 21
Haselnuss-Shiitake-Butternuss-Salat 129
Hefeflocken
    Gedünstete oder gebackene Seitan-Schnitzel 50
    Infos zu 12
    Käse-Knusperbuchweizen 37
    New Yorker Dressing 24
    Smokehouse-Kichererbsen-Salat 111

I

Ingwer
    Ginger-Beer-Tofu 44
    Infos zu 11
    Ingwer-Bete & Linsen mit Tahina und Agavendicksaft 139
    Ingwer-Orangen-Vinaigrette 139
    Ingwer-Tahina-Dressing 87
    Möhren-Ingwer-Chia-Dressing 26
Ingwer-Bete & Linsen mit Tahina und Agavendicksaft 139
Italienischer Hochzeits-Getreidesalat 118

J

Jackfrucht, Infos zu 148

K

Kaffirlimetten-Blätter
    Thailändisches Seitan-Larb in Salatschälchen 65
Kakaopulver
    Overnight Oats mit mexikanischer Schokocrème 167

Kartoffeln
    Bento à la Salade Niçoise 91
    Betebällchen-&-Pommes-frites-Salat 141
    Kokos-Samosa-Kartoffelsalat 127
    Pesto-Blumenkohl-Kartoffelsalat 83
    Seitan-Steak-Salat mit Pfefferkorn-Dressing 155
Kascha, siehe Buchweizen 37
Käse-Knusperbuchweizen 37
Kichererbsen
    Bento à la Salade Niçoise 91
    Chimichurri-Kichererbsen & Chicorée 133
    Couscous mit Zuckerschoten & Za'atar-Dressing 70
    Couscous-Salat mit eingelegten Zitronen & Oliven 153
    Gebratene Knoblauch-Kichererbsen mit Spinat & Getreide 69
    Italienischer Hochzeits-Getreidesalat 118
    Kichererbsen-Chicorée-Schiffchen 73
    Knackige Mandelfalafel-Bowl 123
    Kokos-Samosa-Kartoffelsalat 127
    Smokehouse-Kichererbsen-Salat 111
Kichererbsen-Chicorée-Schiffchen 73
Kichererbsenmehl, Infos zu 51
Kimchi, Infos zu 117
Klassische Croutons 39
Klassischer Caesar-Salat 137
Knackige Kohl-&-Süßkartoffel-Bowl 125
Knackige Mandelfalafel-Bowl 123
Knoblauch rösten 118
Kohl
    Caesar-Gartensalat mit Buffalo-Ranch-Dressing 105
    Dill-Krautsalat-Bowl mit BBQ-Tempeh 107
    Gegrillter Goji-Seitan-Salat 149
    Gegrillter Palmkohlsalat mit pikanten Linsen 61
    Sidekick-Krautsalat 31
    Tempeh-Reubenesque-Salat 145
    Vanessa-Kabocha-Salat 157
Kohlblätter
    Curry-Kürbis-Kohl-Wraps 131
    Knackige Kohl-&-Süßkartoffel-Bowl 125
Kokosblütenzucker, Infos zu 12
Kokos-Karottenkuchen-Salat 163
Kokosnuss
    Curry-Linsen-Quinoa-Salat 88
    Kokos-Karottenkuchen-Salat 163

 INDEX

Kokos-Samosa-Kartoffelsalat 127
Kokosspeck-Häppchen 48
Ost-West-Salat mit geröstetem Mais 77

Kokosnussmilch
Gegrillter Palmkohlsalat mit pikanten Linsen 61
Vanessa-Kabocha-Salat 157

Kokos-Samosa-Kartoffelsalat 127
Kokosspeck-Häppchen 48
Kokoswasser, Infos zu 12
Kürbis / Kürbiskerne
Cashew-Kürbiskern-Knusperstreusel 36
Curry-Kürbis-Kohl-Wraps 131
Feuriger Quinoa-Obstsalat 97
Haselnuss-Shiitake-Butternuss-Salat 129
Italienischer Hochzeits-Getreidesalat 118
Vanessa-Kabocha-Salat 157

L

Limettensaft
Chia-Chipotle-Dressing 20
Chili-Limetten-Dressing 65
Cremiges Koriander-Limetten-Dressing 25
Cremiges Limetten-Dressing 103
Gegrillter Palmkohlsalat mit pikanten Linsen 61
Gerösteter mexikanischer Maissalat mit Avocado (Esquites) 103
Geröstetes Schalotten-Dressing 63
Grünes Curry-Dressing 28
Ost-West-Salat mit geröstetem Mais 77
Papaya-Salat mit Zitronengras-Tofu 79
Spargel-Pad-Thai-Salat 63
Thailändisches Seitan-Larb in Salatschälchen 65

Linsen
Banh-Mi-Salatröllchen mit Linsen-Pâté 67
Betebällchen-&-Pommes-frites-Salat 141
Curry-Linsen-Quinoa-Salat 88
Ferientabouli mit Quinoa und Granatapfel 143
für Salat 49
Gegrillter Palmkohlsalat mit pikanten Linsen 61
Ingwer-Bete & Linsen mit Tahina und Agavendicksaft 139
Linsen-Larb 65
Linsen für Salat 49

M

Magisches Miso-Dressing 29
Mais
Avocado-Tofu-Frühstücks-Bowl mit Möhren-Ingwer-Dressing 162
Edamame-Succotash-Salat mit Miso-Dressing 93
Feuriger Quinoa-Obstsalat 97
Gerösteter mexikanischer Maissalat mit Avocado (Esquites) 103
Ost-West-Salat mit geröstetem Mais 77

Mandelmus-Hanf-Dressing 21
Mandoline. Siehe Gemüsehobel
Mangos
Bhel Puri Chaat mit Avocado & Amarant 89

Massierte rote Zwiebeln 41
Meerettich-Dressing 101
Messer 8
Miso
Cremiges Koriander-Limetten-Dressing 25
Gerösteter Hanf-Parmesan 35
Gerösteter mexikanischer Maissalat mit Avocado (Esquites) 103
Infos zu 12
Magisches Miso-Dressing 29
Mandelmus-Hanf-Dressing 21
Möhren-Ingwer-Chia-Dressing 26
Rosenkohlsalat mit gegrillten Miso-Äpfeln 115
Zurück-zur-Ranch-Dressing 17

Mixer 8
Möhren
Kokos-Karottenkuchen-Salat 163
Möhren-Ingwer-Chia-Dressing 26
Montagabend-Reissalat mit roten Bohnen 121

N

Nashi
Infos zu 117
Schwarzer Reis mit Kimchi und Nashi 117

Nektarinen
Feuriger Quinoa-Obstsalat 97
Orangen-Vanille-Obstschälchen 169

New Yorker Dressing 24
Nüsse
Haselnuss-Shiitake-Butternuss-Salat 129
Knackige Mandelfalafel-Bowl 123
Rauchige Sriracha-Pekannüsse 34

Nüsse …
　Tamari-5-Gewürze-Mandeln 33
　Würzige Salatstreusel 27

Orangen / Orangensaft
　Orangen-Ahorn-Tempeh 46
　Orangen-Mohnsamen-Dressing 57
　Orangen-Vanille-Obstschälchen 169
　Picknicksalat für Wassernixen mit Seepferdchen-Ranch-Dressing 95
　Rauchige Orangen-Vinaigrette 125
Overnight Oats mit mexikanischer Schokocrème 167

P
Papadams
　Infos zu 12, 127
　Kokos-Samosa-Kartoffelsalat 127
Papaya-Salat mit Zitronengras-Tofu 79
Paprika-Rauch-Dressing 111
Pesto-Blumenkohl-Kartoffelsalat 83
Pesto, Cajun- 121
Pesto-Genovese-Salat 83
Pfefferkörner, grüne
　Infos zu 156
　Seitan-Steak-Salat mit Pfefferkorn-Dressing 155
Pfirsiche
　Feuriger Quinoa-Obstsalat 97
Pflaumen
　Orangen-Vanille-Obstschälchen 169
　Pflaumen-lieben-Rucola-Salat 87
Picknicksalat für Wassernixen mit Seepferdchen-Ranch-Dressing 95
Pilze
　Erntesalat mit Pilzen, Graupen & Rosenkohl 113
　Haselnuss-Shiitake-Butternuss-Salat 129
Pizzasalat mit Tempeh-Salami 85
Polnischer Soba-Sommersalat 81

Q
Quinoa
　Apfel-Quinoa-Bowl à la Mode 165
　Curry-Linsen-Quinoa-Salat 88
　Ferientabouli mit Quinoa und Granatapfel 143
　Feuriger Quinoa-Obstsalat 97
　Kokos-Karottenkuchen-Salat 163

R
Radicchio
　Apfelsalat mit Curry-Tempeh in Radicchio-Schälchen 151
　Feigen-Tempeh-Salat an cremigem Koriander-Limetten-Dressing 119
　-Schälchen, Zubereitung von 151
Radieschen
　Banh-Mi-Salatröllchen mit Linsen-Pâté 67
　Couscous mit Zuckerschoten & Za'atar-Dressing 70
　Frühlingskräutersalat mit Orangen-Ahorn-Tempeh 53
Raspeln und Reiben 9
Rauchige Sriracha-Pekannüsse 34
Reis
　Brokkoli-Erdnuss-Reissalat mit Zitronengras 109
　Montagabend-Reissalat mit roten Bohnen 121
　Schwarzer Reis mit Kimchi und Nashi 117
Reispapierblätter, Infos zu 68
Relish
　Alternative zu 23
　Galapagos-Dressing 23
Rezepte, Anwendung der 7
Ricotta
　Erbsen-Kräuter-Ricotta zu Tomaten & Basilikum 99
Rosenkohl
　Erntesalat mit Pilzen, Graupen & Rosenkohl 113
　Rosenkohlsalat mit gegrillten Miso-Äpfeln 115
Rosenkohl raspeln 115
Rote Bete
　Betebällchen-&-Pommes-frites-Salat 141
　Ingwer-Bete & Linsen mit Tahina und Agavendicksaft 139
　Picknicksalat für Wassernixen mit Seepferdchen-Ranch-Dressing 95
　Polnischer Soba-Sommersalat 81
Rucola
　Avocado-Tofu-Frühstücks-Bowl mit Möhren-Ingwer-Dressing 162
　Chimichurri-Kichererbsen & Chicorée 133
　Feigen-Tempeh-Salat an cremigem Koriander-Limetten-Dressing 119
　Frühlingskräutersalat mit Orangen-Ahorn-Tempeh 53
　Pflaumen-lieben-Rucola-Salat 87
　Pizzasalat mit Tempeh-Salami 85

S

Salat für unterwegs 10

Salatschleuder 8

Salz
- Infos zu 12
- Kala Namak / schwarzes Salz 92

Sauerkraut
- Infos zu 145
- Tempeh-Reubenesque-Salat 145

Schalotten-Senf-Chia-Vinaigrette 22

Schlichter (aber nicht fader) Beilagensalat 31

Schüsseln 8

Schwarzer Reis mit Kimchi und Nashi 117

Seepferdchen-Ranch-Dressing 95

Seitan
- Eisberg-Wedge-Salat mit Seitan-Speck und Meerrettich-Dressing 101
- Gedünstete oder gebackene Seitan-Schnitzel 50
- Gegrillter Goji-Seitan-Salat 149
- gewürzter 51
- Seitan-Steak-Salat mit Pfefferkorn-Dressing 155
- Thailändisches Seitan-Larb in Salatschälchen 65

Seitan-Steak-Salat mit Pfefferkorn-Dressing 155

Sesam
- Blaubeer-Tamari-Bowl 59
- Dojo-Sesamnudeln 135
- Null-Stress-Za'atar 71
- Würzige Salatstreusel 27

Sesampaste
- Dojo-Sesamnudeln 135
- Infos zu 135

Shiso-Blätter
- Edamame-Succotash-Salat mit Miso-Dressing 93
- Infos zu 93

Sidekick-Krautsalat 31

Smokehouse-Kichererbsen-Salat 111

Smoothie-Müsli-Bowl 161

Spargel-Pad-Thai-Salat 63

Spinat
- Blaubeer-Tamari-Bowl 59
- Chimichurri-Kichererbsen & Chicorée 133
- Erdbeer-Spinat-Salat mit Orangen-Mohnsamen-Dressing 57
- Gebratene Knoblauch-Kichererbsen mit Spinat & Getreide 69
- Pizzasalat mit Tempeh-Salami 85

Sriracha-Sauce, Infos zu 13

Sumak/Sumach
- Infos zu 71, 123
- Knackige Mandelfalafel-Bowl 123
- Null-Stress-Za'atar 71

Süßkartoffeln
- Knackige Kohl-&-Süßkartoffel-Bowl 125
- Seitan-Steak-Salat mit Pfefferkorn-Dressing 155

Symbole, Bedeutung der 7

T

Tahina
- Dojo-Sesamnudeln 135
- Infos zu 13, 24
- Ingwer-Bete & Linsen mit Tahina und Agavendicksaft 139
- Ingwer-Tahina-Dressing 87
- New Yorker Dressing 24
- Pflaumen-lieben-Rucola-Salat 87
- Zitronen-Tahina-Dressing 19

Tamari-5-Gewürze-Mandeln 33

Tamari, Infos zu 13

Tamarinden-Ahorn-Vinaigrette 89

Tamarindenkonzentrat
- Bhel Puri Chaat mit Avocado & Amarant 89
- geröstetes Schalotten-Dressing 63
- Infos zu 13

Tatsoi
- Blaubeer-Tamari-Bowl 59
- Infos zu 59

Tempeh
- Apfelsalat mit Curry-Tempeh in Radicchio-Schälchen 151
- Die BGT-Bowl (Bacon, Grünkohl & Tomaten) 75
- Dill-Krautsalat-Bowl mit BBQ-Tempeh 107
- Feigen-Tempeh-Salat an cremigem Koriander-Limetten-Dressing 119
- Infos zu 13
- Orangen-Ahorn-Tempeh 46
- Pizzasalat mit Tempeh-Salami 85
- Tempeh-Reubenesque-Salat 145
- Tempeh-Speck-Häppchen 47
- Tempeh-Taco-Salat-Bowl 147

Teuflischer Grünkohl-Caesar-Salat 55

Teuflisches Caesar-Dressing 55

Thailändisches Seitan-Larb in Salatschälchen 65

Tofu
'70er-Tofu 45
auspressen 9
Avocado-Tofu-Frühstücks-Bowl mit Möhren-Ingwer-Dressing 162
Caesar-Gartensalat mit Buffalo-Ranch-Dressing 105
Erdbeer-Spinat-Salat mit Orangen-Mohnsamen-Dressing 57
Feuriger Tofu 42
Ginger-Beer-Tofu 44
Infos zu 13
Orangen-Mohnsamen-Dressing 57
Ost-West-Salat mit geröstetem Mais 77
Papaya-Salat mit Zitronengras-Tofu 79
Schwarzer Reis mit Kimchi und Nashi 117
Zitronengras-Tofu 43

Tomaten
Die BGT-Bowl (Bacon, Grünkohl & Tomaten) 75
Erbsen-Kräuter-Ricotta zu Tomaten & Basilikum 99
New Yorker Dressing 24
Pizzasalat mit Tempeh-Salami 85

Tortilla-Schalen, Gebackene 148

V

Vanessa-Kabocha-Salat 157
Vital-Weizenglutenmehl
Gedünstete oder gebackene Seitan-Schnitzel 50
Infos zu 13

W

Warmes Curry-Dressing 127
Weintrauben
Eingelegte rote Weintrauben 40
geröstete 40
Orangen-Vanille-Obstschälchen 169

Wochenplan 5
Würzige Salatstreusel 27

Z

Za'atar
Couscous mit Zuckerschoten & Za'atar-Dressing 70
Null-Stress-Za'atar 71

Zitronen, eingelegte
Couscous-Salat mit eingelegten Zitronen & Oliven 153
Infos zu 73
Kichererbsen-Chicorée-Schiffchen 73

Zitronengras
Brokkoli-Erdnuss-Reissalat mit Zitronengras 109
Grünes Curry-Dressing 28
Infos zu 14
Thailändisches Seitan-Larb in Salatschälchen 65
Zitronengras-Schalotten-Dressing 109
Zitronengras-Tofu 43

Zitronen-Tahina-Dressing 19
Zitronen-Tajine-Dressing 153

Zucchini
Couscous-Salat mit eingelegten Zitronen & Oliven 153

Zuckerschoten
Couscous mit Zuckerschoten & Za'atar-Dressing 70
Frühlingskräutersalat mit Orangen-Ahorn-Tempeh 53

Zurück-zur-Ranch-Dressing 17

ÜBER DIE AUTORIN

TERRY HOPE ROMERO ist das Genie hinter zahlreichen preisgekrönten Bestseller-Kochbüchern und wurde 2011 von *VegNews* (eine führende vegane Lifestyle-Zeitschrift) als *Favorite Cookbook Author* ausgezeichnet. Terry hat für die *„Hot Urban Eats"*-Kolumne von VegNews geschrieben, war in der Zeitschrift *Latina* und als Gast in unzähligen Radio-Talkshows. Sie hat außerdem einen Kurs in pflanzlicher Ernährungswissenschaft an der Cornell University absolviert sowie Kochdemos und Talks zur veganen Ernährung auf Food-Festivals und Konferenzen in Sydney, Paris, London, Amsterdam, New York City, Boston, Toronto und überall in den Vereinigten Staaten gehalten. Sie lebt, kocht und isst in Queens, New York, und ist online unter www.veganlatina.com zu finden.

BEZUGSQUELLEN

Die meisten der im Buch erwähnten Produkte wie Kokosöl, Hefeflocken oder verschiedene Algenarten sind in gängigen Naturkostläden erhältlich.

Sie können sie auch direkt über unseren Online-Shop www.unimedica.de in der Kategorie „Gesunde Ernährung" erhalten. Dort finden Sie ein großes Sortiment an Naturkostprodukten, u.a. auch seltene Produkte wie Sacha inchi. Auch die für die Rezepte notwendigen Küchengeräte wie z. B. Hochleistungsmixer, Dörrgeräte und Entsafter sowie die Vega-Produkte und Superfoods von Brendan Brazier sind dort erhältlich.

Homöopathie
Naturheilkunde
Ernährung
Fitness & Sport
Akupunktur
Mensch & Tier

In unserer Online-Buchhandlung

www.unimedica.de

führen wir eine große Auswahl an deutschen, englischen und französischen Büchern über Fitness, gesunde Ernährung, Homöopathie und Naturheilkunde. Es gibt zu jedem Titel aussagekräftige Leseproben.

Auf der Webseite gibt es ständig Neuigkeiten zu aktuellen Themen, Studien und Seminaren mit weltweit führenden Therapeuten, sowie einen Erfahrungsaustausch bei Krankheiten und Epidemien.

Ein Gesamtverzeichnis ist kostenlos verfügbar.

Blumenplatz 2 · D-79400 Kandern · Tel: +49 7626-974970-0 · Fax: +49 7626-974970-9

info@unimedica.de